オールカラー改訂版

ひと目でわかる！

帯の基礎知識

（一社）
全日本きもの振興会推薦

世界文化社

オールカラー 改訂版

ひと目でわかる！ 帯の基礎知識

（一社）全日本きもの振興会推薦

目次

付下げに菊菱文様の袋帯

更紗のきものに染め分け洒落袋帯

御召に唐草文様織り名古屋帯

無地紬に雀文様染め名古屋帯

絣のきものに更紗文様染め名古屋帯

江戸小紋にアンティークの染め帯

コーマ地の浴衣にミンサー織の半幅帯

絞り染めの浴衣に自然素材の袋名古屋帯

第1章

帯の種類と技法

帯はもともと衣服の前が開かないように、腰に巻いたもの。
縄状の組紐から始まり、裂地《きれじ》になって時代とともに帯幅が広くなりました。
現在、使われている代表的な帯は7タイプあり、
帯の名前や使い分けは、帯幅や製作技法などによって異なります。

帯の種類①

丸帯

まるおび

――広幅《ひろはば》の帯地で仕立て、表と裏が同じ柄

女性の帯の中では、もっとも豪華な帯です。仕立てる前の帯地は、幅1尺8寸5分（約70センチ）、長さ1丈1尺5寸（約4メートル36センチ）以上。この幅を2つに折って端を縫い、半分の帯幅に仕立てると、表も裏も同じ柄になります。

丸帯の始まりは江戸時代半ばで、髪型が大きくなったことから、バランスをとるために正装用の帯幅や帯結びが大きくなりました。帯地には*錦織《にしきおり》や*金襴《きんらん》、*緞子《どんす》などの豪華な織物が使われますが、江戸時代に中国から運ばれてきたこれらの織物は厚い板の芯に巻かれていたので、これを厚板物《あついたもの》、厚板織などとよびました。その流れを汲んで、近年まで豪華な丸帯は厚板ともいわれました。

華やかな丸帯は、戦前までは正装の帯として活躍しましたが、和装の軽装化とともに今では舞

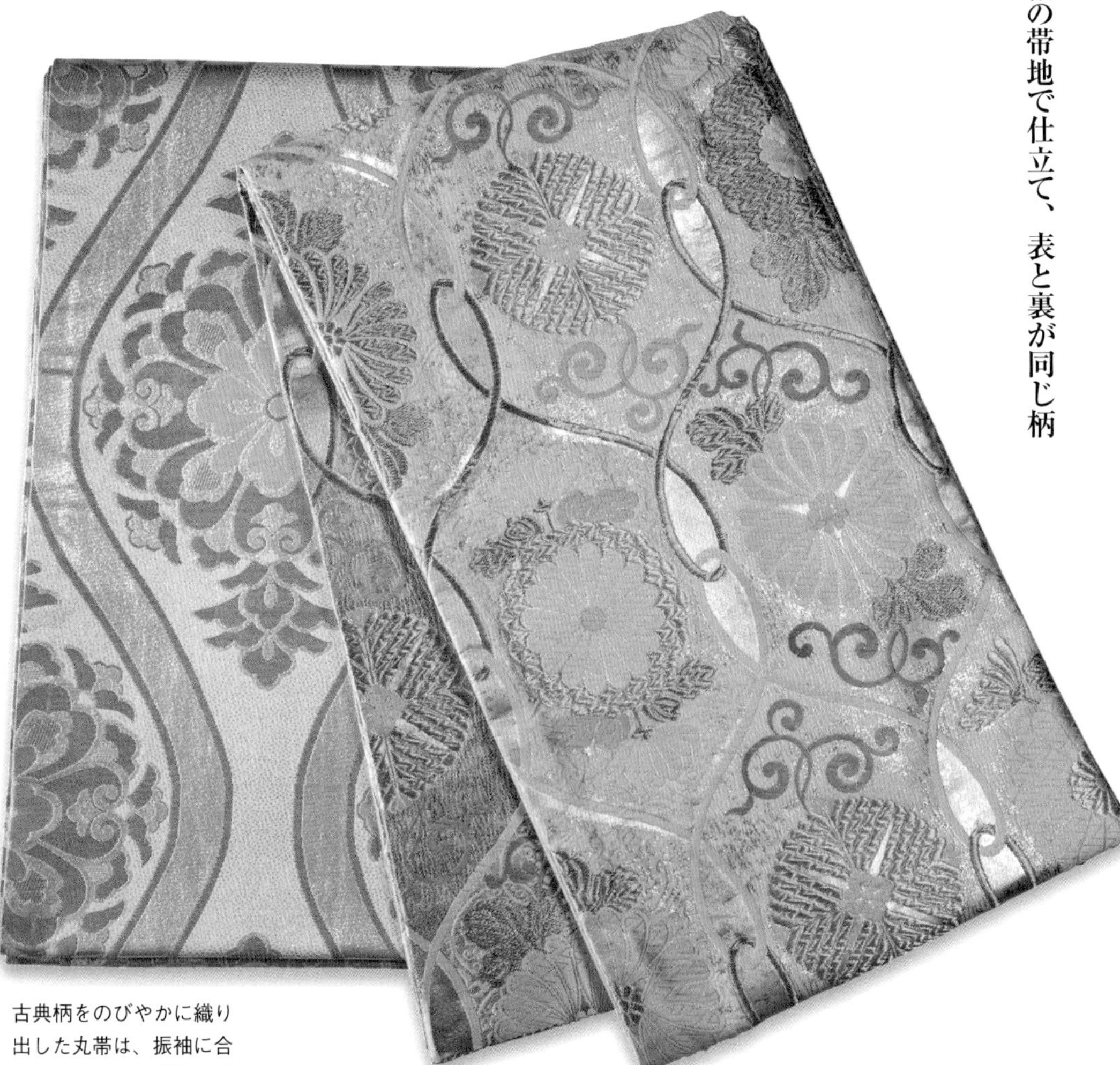

古典柄をのびやかに織り出した丸帯は、振袖に合わせると、さまざまな変わり結びが楽しめる。

*錦織は46ページ、金襴、緞子は75ページ参照。

妓や花嫁用の帯として用いられています。

アンティーク店で求めたものや祖母などから譲られた丸帯がある場合は、振袖《ふりそで》や留袖《とめそで》などに結ぶと、豪華で品格のあるきもの姿になります。

袷《あわせ》用の丸帯

夏用の丸帯

袋帯

金糸銀糸、色糸を用いて冊子文様を織り出した礼装用の帯地。

洒落袋帯

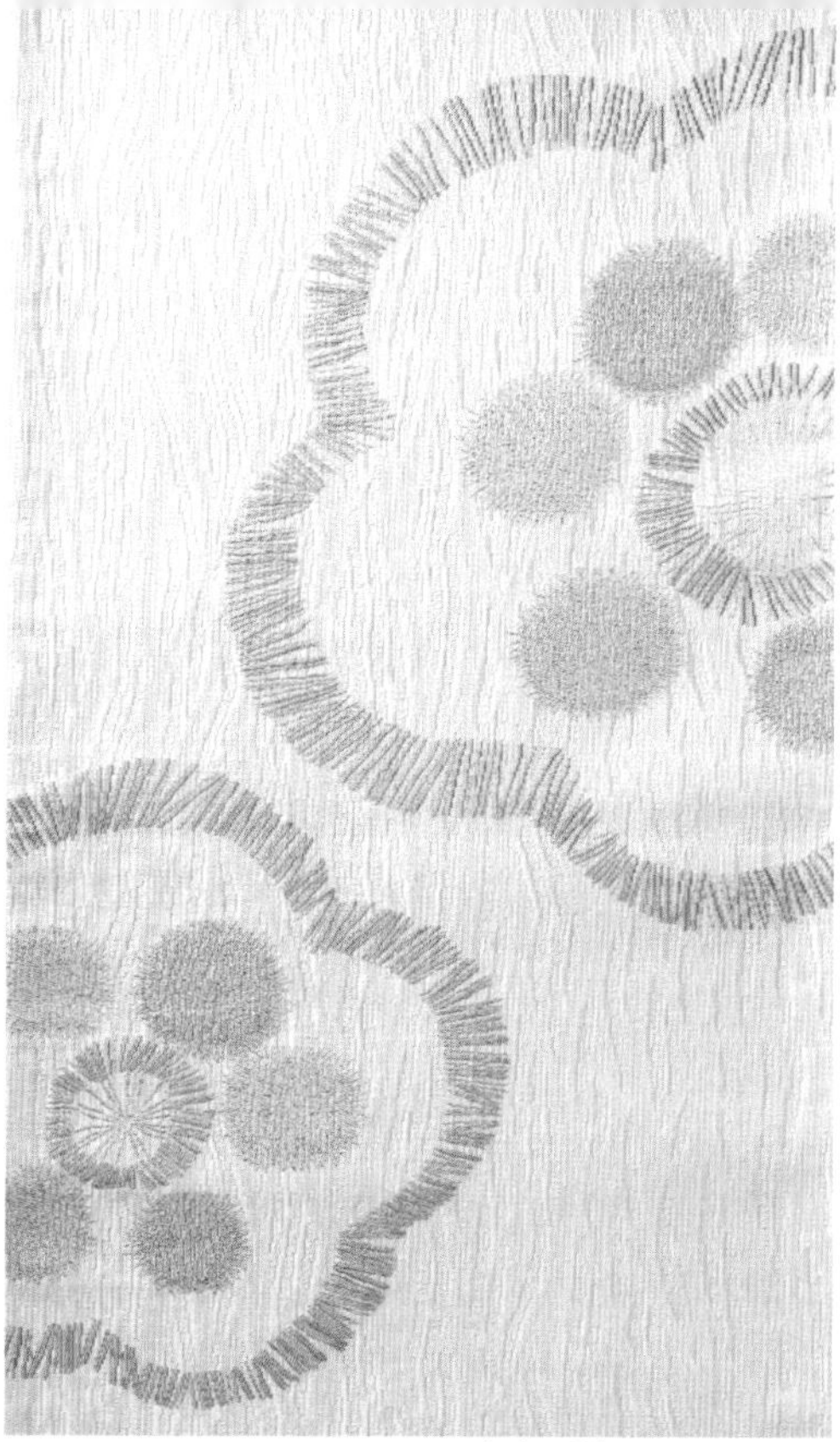

金糸が使われていても、控えめな柄なので洒落《しゃれ》袋《ぶくろ》帯に分類される。

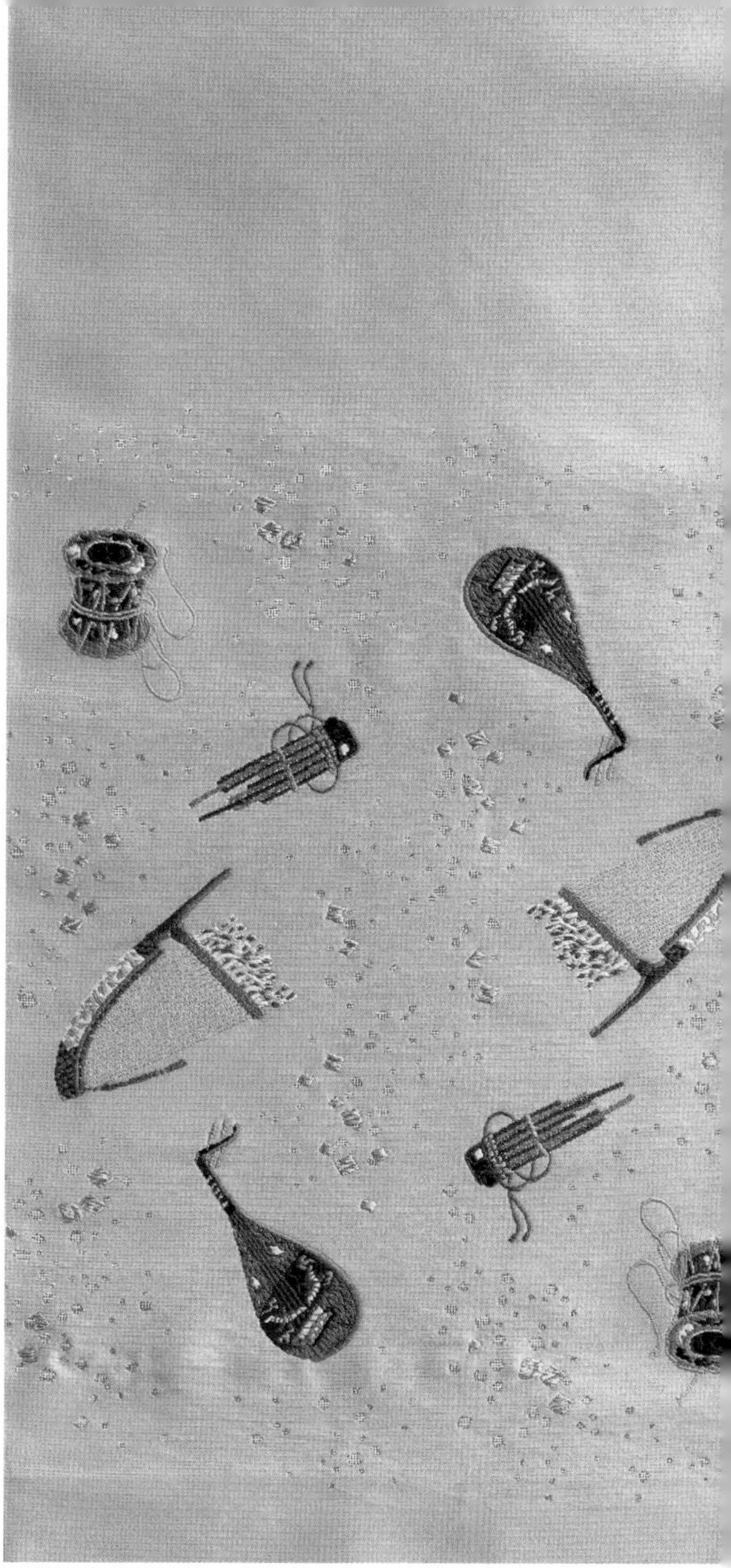

楽器尽くしを織り出した夏用の洒落袋帯。

唐花文様を織り出したモダンな洒落袋帯。

袋帯の多くは織り帯だが、まれに染めの袋帯もある。写真は鶴文様の染め袋帯で、訪問着《ほうもんぎ》、付下《つけさ》げ、色無地《いろむじ》などに合わせるのが一般的。

帯の種類②

袋帯《ふくろおび》——表に格調の高い柄があり、裏は無地や地紋《じもん》

洒落袋帯《しゃれぶくろおび》——金糸銀糸の少ない、控えめな柄付け

明治時代以降に、丸帯に代わって考案されたのが袋帯で、今ではもっともポピュラーな礼装用の帯として親しまれています。

仕立てたときに、表も裏も同じ模様のある丸帯と違って、袋帯は表地だけに金糸銀糸や色糸を使った織り文様があり、裏は無地か地紋です。当初は袋状に織られたために、袋帯と名づけられましたが、表と裏を別々に織って両端をかがったものが主流になりました。

並幅《なみはば》の袋帯のほか、女児の正装用の帯や男物の角帯なども袋状に織られていますが、一般的に袋帯といえば、並幅の女性用の帯をさします。幅は約8寸2分（約31センチ）の並幅で、長さは1丈1尺1寸（約4メートル20センチ）以上。この長さが

表と裏を別々に織り、両端をかがって袋状にする。たれ先は4～5センチ奥をかがる方法が一般的。このほか、たれ先を織り出し線で折り込み、適当なところでカットして端をまつる方法もある。

あると、二重太鼓《にじゅうだいこ》のほか、振袖用の変わり結びができます。

袋帯の多くは金糸銀糸を使った礼装用、準礼装用ですが、最近は金糸銀糸を控えめに用いたもの、色糸だけで模様を織り出した袋帯も多く見られ、これを洒落袋帯ともよんでいます。

袋帯は振袖《ふりそで》や留袖《とめそで》、訪問着《ほうもんぎ》などの礼装用のきものに、洒落袋帯は紬《つむぎ》や小紋《こもん》のほか、付下《つけさ》げや色無地《いろむじ》のきものに締めます。長さは袋帯と同じなので、二重太鼓に結びます。

袋帯と形状はまったく同じだが、金糸銀糸の少ないもの、色糸だけで織った袋帯を、洒落袋帯とよんでいる。

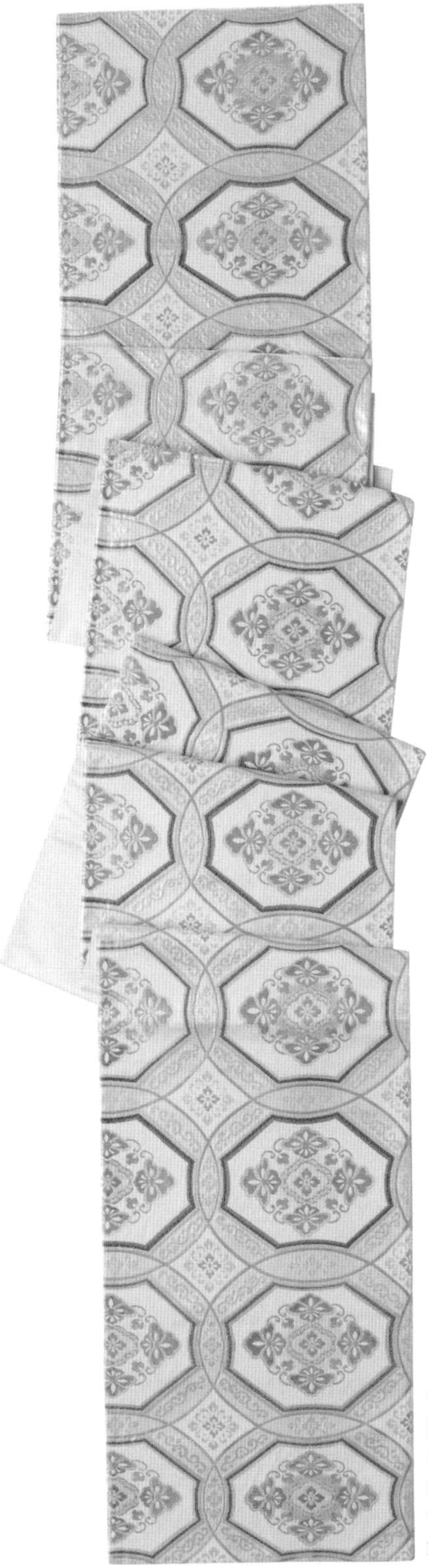

もっとも一般的な袋帯。表に模様があり、裏は無地。現代は薄い帯芯を入れたり、帯芯を入れずに仕立てる場合もあるので、軽くて結びやすい。

織り名古屋帯

染め名古屋帯

帯の種類③

名古屋帯

なごやおび——袋帯より長さが短くて締めやすく、利用範囲が広い

大正時代、名古屋女学校（現在の名古屋女子大学）の創始者が日常締めていた風変わりな帯が商品化され、名古屋で考案されたのでこの名がついたといわれます。「名古屋帯」という言葉は用いずに、「なごや帯」と称する場合もあります。

名古屋帯は仕立てる前の帯幅が9寸（約34センチ）なので、九寸帯、または九寸名古屋帯ともよばれます。仕立てる前の長さは、1丈2尺5寸（約4メートル73センチ）程度。たれ先から3尺（約114センチ）ほど折り返してお太鼓《たいこ》裏にし、残りの部分（て先から胴二巻き分）を半幅に折り、帯芯《しん》を入れて仕立てます。こうすると、帯の長さは袋帯よりずっと短くなるので、一重太鼓《いちじゅうだいこ》にして締めます。これがもっともオーソドックスな仕立て方で「名古屋仕立て」という呼び名がついています。

仕立てる前の名古屋帯は、反物のように巻いて市販されている。写真は織り名古屋帯。金糸銀糸を使ったものは訪問着などに、金糸銀糸を使わないものは付下げや小紋などに。

胴に巻く部分

「鏡仕立て」の名古屋帯は、胴に巻く部分を半幅にしないで開いて仕立てる方法。「開き仕立て」ともいう。帯芯がそのまま見えているが、帯幅を自由に変えられる。

ほかに、て先を折らずに仕立てた「鏡《かがみ》仕立て」「額縁《がくぶち》仕立て」や、て先を少しだけ半分に折ってかがった「松葉《まつば》仕立て」があります。いずれもお太鼓部分は、8寸幅に仕立てます。

名古屋帯は当初、染め帯だけでしたが、現在は織りと染めの両方が作られ、どちらも巻き物の状態で市販されています。一般的に金糸銀糸を使っているものは、付下《つけさ》げや色無地《いろむじ》などの準礼装に、それ以外は紬《つむぎ》や小紋《こもん》のようなお洒落着に合わせます。

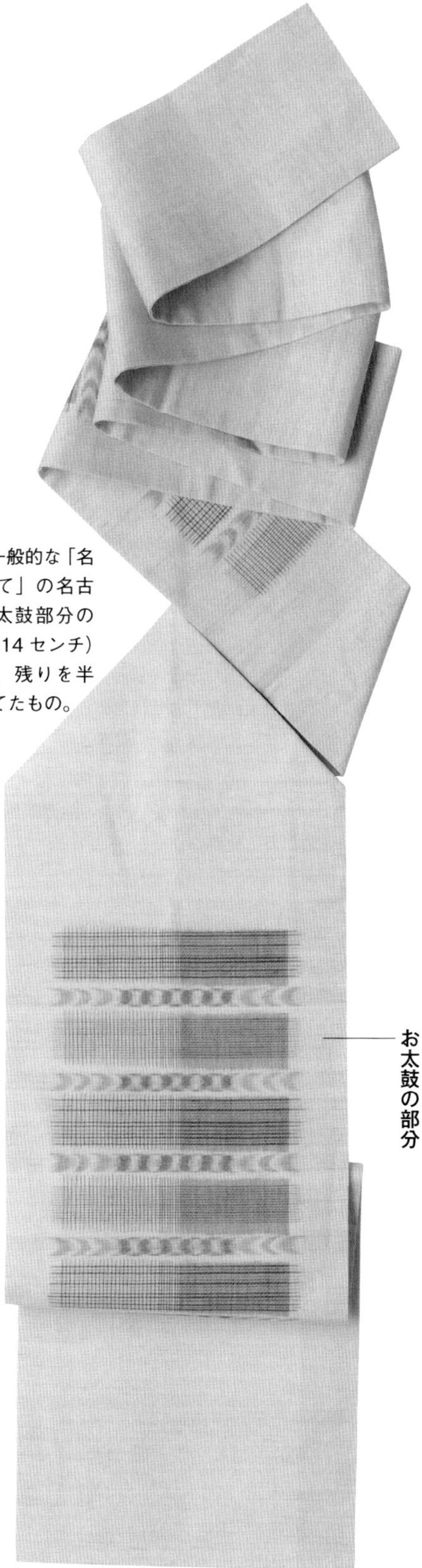

もっとも一般的な「名古屋仕立て」の名古屋帯。お太鼓部分の3尺（約114センチ）を8寸に、残りを半幅に仕立てたもの。

「松葉仕立て」の名古屋帯。形が松葉に似ていることからの呼称。て先を好みの長さに少しだけ半幅に仕立ててあるため、帯結びの際、て先の扱いが楽。

夏博多《はかた》帯

袋名古屋帯

絽《ろ》綴《つづれ》帯

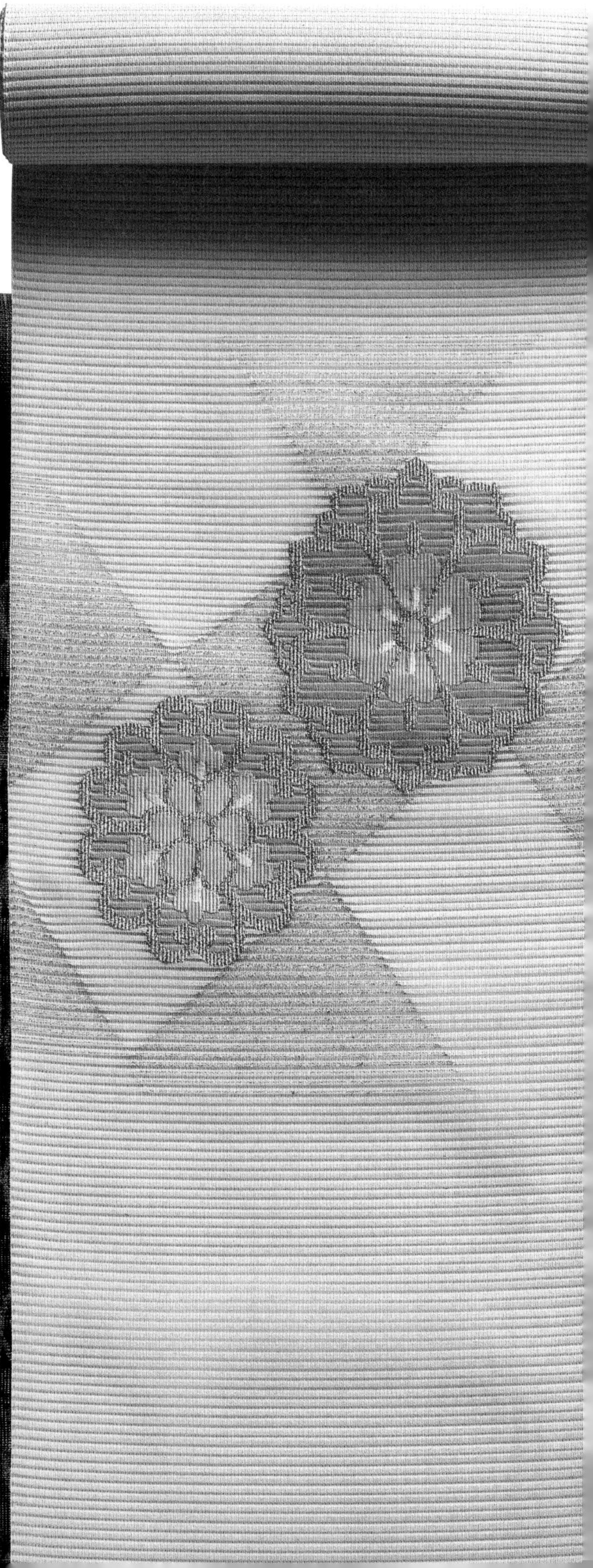

単《ひとえ》帯

帯の種類④

袋名古屋帯

ふくろなごやおび——やや地厚の一枚仕立ての帯

袋名古屋帯は八寸帯、八寸名古屋帯、かがり帯など、さまざまな名前でよばれます。名古屋帯と同じように仕立てる前は巻き物で市販されていますが、基本的に地厚の織り帯です。

代表的なものに*綴織《つづれおり》、*紬《つむぎ》、*博《はか》多《た》織などがあり、これらの帯地には帯芯を入れません。「袋」という言葉が使われていますが、袋帯と名古屋帯のよいところをとったという意味で名づけられたもので、袋名古屋帯は袋状ではなく、一般的に帯芯を入れない一枚仕立ての単帯《ひとえ》です。

袋名古屋帯が使われ始めたのは、昭和初期からで、昭和30年代に軽さと締めやすさから人気となり、普及しました。

帯幅は、仕立てる前も仕立て上がりも8寸（約30センチ）。たれ先から3尺（約114センチ）ほど引き返して両脇をかがり、あとはて先を少しかがるだ

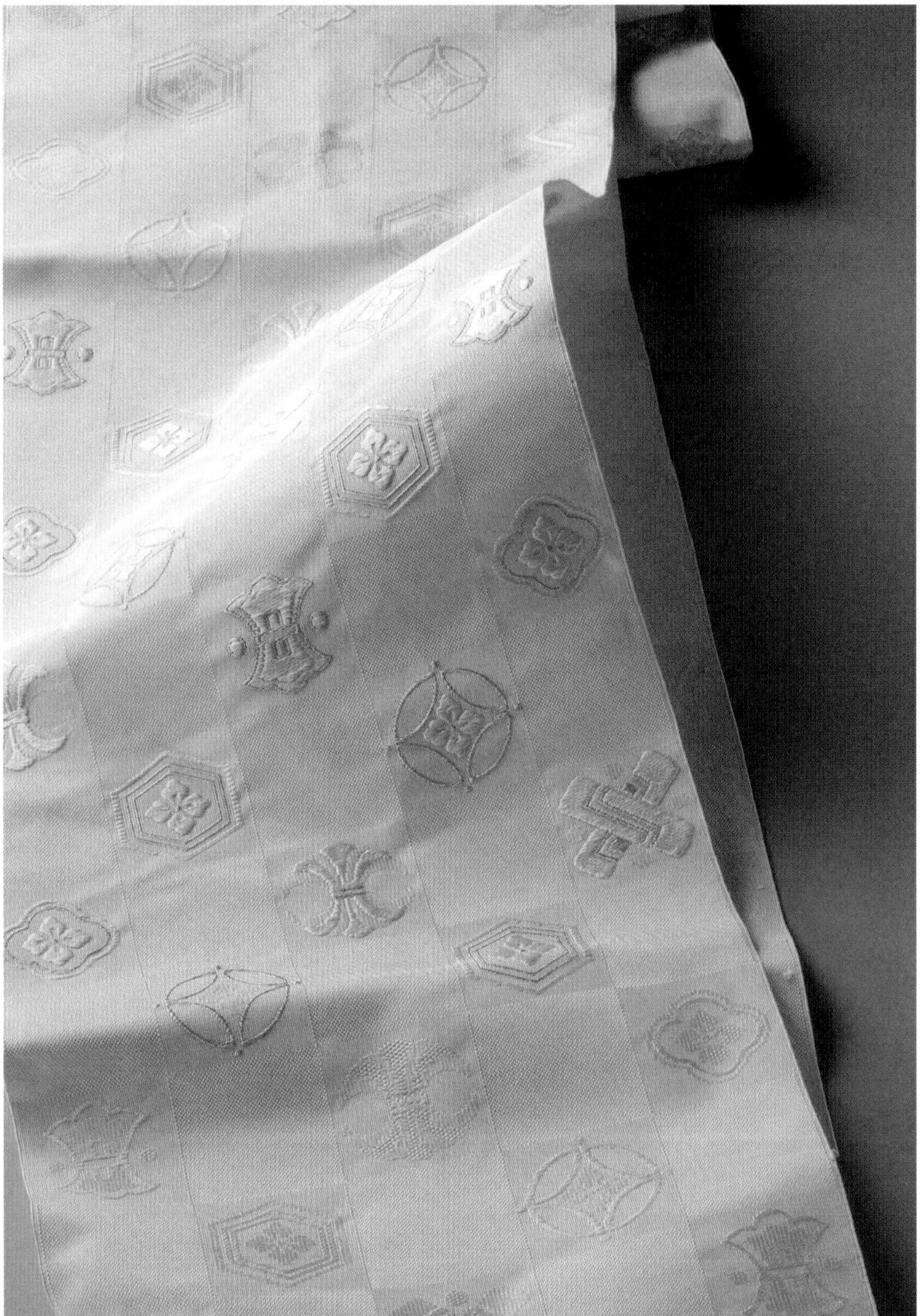

「トンネルかがり」で仕立てられた袋名古屋帯。

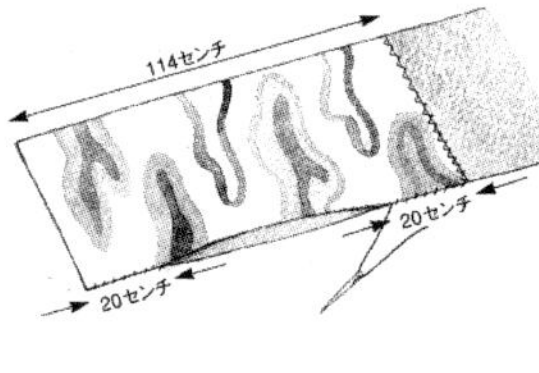

お太鼓の返し部分の仕立て方の一例。折り返したお太鼓部分のたれの一部とたれ先だけをかがる方法で、通称「トンネルかがり」という。

＊綴織は58ページ、紬は66ページ、博多織は62ページ参照。

けで締められます。この帯は一《いち》重太鼓《じゅうだいこ》に結びますが、お太鼓の両側をかがらずにそのままにして、締めたときに二重太鼓《にじゅうだいこ》に見えるような仕立てにするものもあります。

金糸銀糸を使った綴織や組帯《くみおび》の袋名古屋帯は、訪問着《ほうもんぎ》や色無《いろむ》地《じ》などを合わせて略礼装に、紬や博多織の袋名古屋帯は小紋《こもん》や紬に用います。

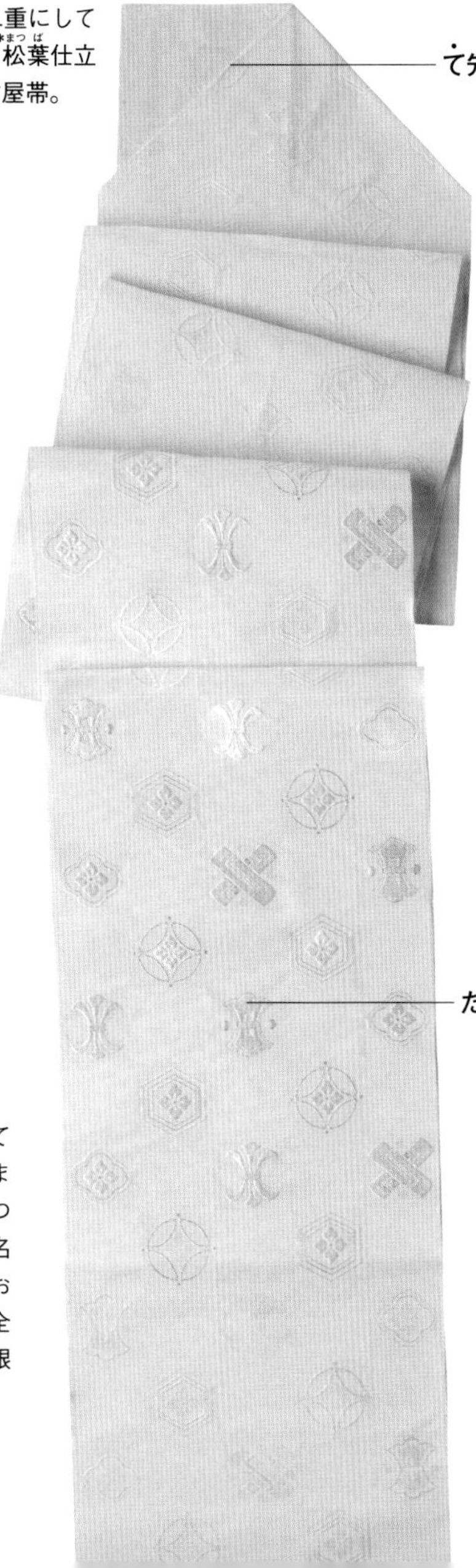

お太鼓部分を二重にしてかがり、て先を*松葉《まつば》仕立てにした袋名古屋帯。

お太鼓部分を二重にしてかがり、て先は開いたまま幅2センチほどの三つ折りにしてかがった袋名古屋帯。写真の帯は、お太鼓の折り返し部分を全部かがってある。帯／銀座もとじ 和織

*松葉仕立ては23ページ参照。

帯の種類⑤

京袋帯

きょうぶくろおび――仕立ては袋帯、長さは名古屋帯と同じ

京袋帯は模様を織り出した表地と、無地または地紋《じもん》を織り出した裏地を縫い合わせて作られます。この作り方は袋帯と同じですが、長さは9尺5寸（約3メートル60センチ）ほどで、名古屋帯と変わりません。袋帯と名古屋帯の特徴を組み合わせた帯なので、帯の格としては袋帯と名古屋帯の中間にあるといえるでしょう。袋帯より軽く、価格もリーズナブル、前帯の幅を自由に変えられるのが魅力です。

　京都西陣ではだいぶ前から作られていますが、普及するのが遅れているのは、ほかの帯と区別しにくいためかもしれません。金糸銀糸を使って格の高い文様を織り出したものが作られるようになれば、袋帯と同じように礼装用に使うこともできるでしょう。これからの時代、もっとも期待したい帯のひとつです。

花勝見《はなかつみ》文様を織り出した京袋帯。色無地《いろむじ》や付下《つけさ》げ、小紋《こもん》、紬《つむぎ》など、幅広く締められる。帯結びは一重《いちじゅう》太鼓《だいこ》が基本。

京袋帯のたれの仕立ては袋帯と同じ（18ページ参照）。

京袋帯の表側にはさまざまな模様が織り出されている。多くは洒落《しゃれ》袋《ぶくろ》帯のように、金糸銀糸をあまり使わないものが主流。

左の京袋帯の裏側。控えめな地紋が織り出されている。

帯の種類⑥

細帯

ほそおび――帯結びが楽にできる幅の狭い帯

半幅帯

はんはばおび――もっとも活用されている細帯

帯幅は時代とともに変化してきました。平安時代の十二単《じゅうにひとえ》に用いられたのは2寸幅（約7・6センチ）、能装束の帯は3寸幅（約11・4センチ）です。

江戸時代後期から帯幅が少しずつ広くなり、現代のような8寸幅（約30・3センチ）が標準サイズになったのは、明治時代に入ってからです。

細帯とは、一般的に8寸幅以下の帯をさします。現在作られている細帯には、半幅帯の名前で知られている4寸幅（約15・2センチ）のほか、6寸幅（約22・7センチ）や3寸幅などがあります。

*錦織《にしきおり》や*緞子《どんす》、*唐織《からおり》などの豪華な細帯は、パーティなどにも使えます。こうした帯は浴衣用の半幅帯よりも長めなので、さま

帯幅4寸の細帯。一般に半幅帯の名前でよばれる。橘《たちばな》を織り出した豪華な細帯はよそゆき用。

帯幅3寸の細帯。

幅が狭いために帯結びが簡単にできる。

＊錦織は46ページ、緞子は75ページ、唐織は54ページ参照。

ざまな帯結びができます。

細帯の中で、もっとも一般的な帯が半幅帯です。8寸の帯幅を標準とする習慣から、4寸幅の帯をそうよぶようになりました。礼装用の袋帯と同じ素材の半幅帯はよそゆき用ですが、博多《はかた》織や木綿《もめん》、麻、化繊などの半幅帯は、普段着用や羽織下《はおりした》用になります。

半幅帯には、袋状になった小《こ》袋《ぶくろ》帯と一枚仕立ての単《ひとえ》帯があり、前者は袷《あわせ》の季節に、後者は夏の普段着、おもに浴衣に締めます。

一枚仕立ての*ミンサー織の半幅帯は浴衣に最適。

帯の種類⑦

兵児帯

へこおび——ボリュームのある華やかなリボン結びが似合う

兵児帯は柔らかい布の両端をかがっただけの帯で、もともと男性や子ども用の普段の帯でした。最近は女性の浴衣用にも用いられ、色柄は豊富になりました。帯幅は8寸以上ですが、1枚の布なので簡単に結べて、仕上がりは華やかです。

張りのある化学繊維の兵児帯は、リボン結びなどにすることが多い。

木綿やウールに合わせて、自宅などくつろぎ着用に。

*ミンサー織は85ページ参照。

遊び心のあるハート柄をすくい織で表現した帯は、お太鼓柄の名古屋帯。格子柄の小紋と合わせて爽やかに。

白地に華やかな草花を
織り出した錦織の帯は、
六通柄の袋帯。モダン
なピンクの訪問着に締
めてパーティに。

帯の柄付け

「全通柄《ぜんつうがら》」「六通柄《ろくつうがら》」「お太鼓柄《たいこがら》」の3種類があります

ほとんどの女性が袴《はかま》を脱いで小《こ》袖《そで》姿になった桃山時代から、帯の存在が目立つようになりました。当時の帯は「名護屋帯《なごや》」とよばれた縄状の組帯《くみおび》で、名称は組紐の技術が伝わった佐賀県の地名から名づけられたものです。その後、時代とともに装飾性が増し、帯幅も広がりました。

組紐の帯が廃《すた》れると、次に登場したのは裂地《きれじ》の帯です。よそゆき用は錦織《にしきおり》や唐織《からおり》、緞子《どんす》などの技法で織られた帯で、普段着用は昼夜《ちゅうや》帯といわれる、片面が模様もう片面が黒繻子《くろじゅす》（無地）のリバーシブル帯。いずれも、無地か全体に柄のある総模様（全通柄）です。江戸時代にさまざまな帯結びが流行したのは、結び方が自由にできる柄付けの帯だったことが一因といえるかもしれません。

江戸末期になると、深川の芸者がお太鼓結びを考案し、この結び方が明治になって定着しま

たれ

全通柄

たれ

六通柄

お太鼓の部分

お太鼓柄

した。未婚女性以外はお太鼓結びをすることが多くなったため、前帯とお太鼓部分に柄をつけたお太鼓柄の帯が考案され、市販されるようになったのは昭和初期と伝えられています。全通柄に比べて安価でファッションとしても斬新だったために、あっという間に大流行となりました。

一方、六通柄は袋帯が考案された後、胴に巻く一巻き目の部分は隠れてしまうので、柄がなくてもよいという発想から誕生したもの。柄をつける部分が全体の長さの6割になるので、「六通」とよばれます。

全通柄、六通柄、お太鼓柄という呼び名は、染め織りに関係なく、袋帯、名古屋帯、袋名古屋帯などに共通して用いられます。細帯は無地や総柄が一般的です。

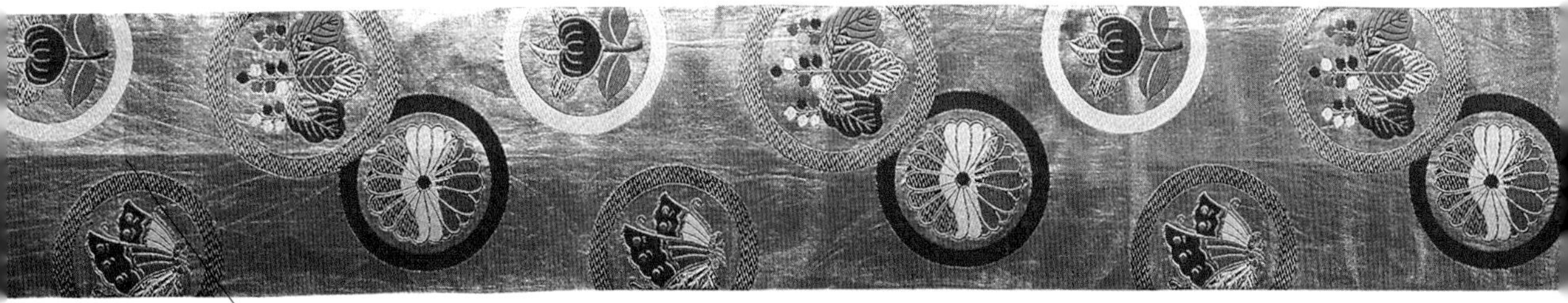

て先

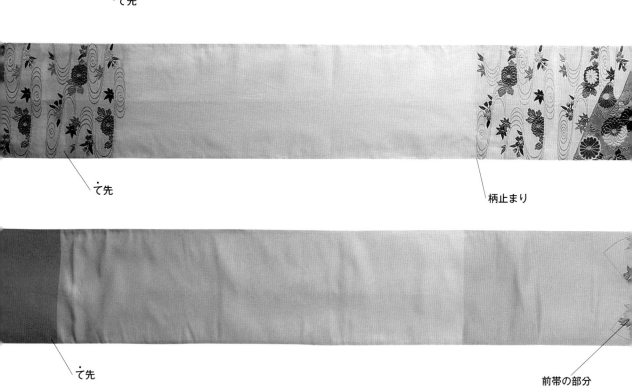

て先

柄止まり

て先

前帯の部分

織り

帯には織りと染めがあります

染め

金糸銀糸、白糸、色糸などで模様を織り出したものが織り帯です。格調のある文様を織り出した錦織《にしきおり》、唐織《からおり》、綴織《つづれおり》などは礼装用や準礼装用で、紬《つむぎ》やすくい織などはお洒落着用になります。

一方、染め帯は白生地に地色や模様を染めたもので、多くは小紋《こもん》や紬に合わせます。

帯ができるまで

帯は大きく分けて織りと染めがありますが、圧倒的に多いのは織り帯です。専門の職人により、いくつもの工程を経て、ようやく1本の帯に仕上がります。帯の代表的な産地、京都西陣《にしじん》を例に、大まかな帯づくりの流れを見てみましょう。

企画・製紋

図案家が柄のデザインを考え、帯幅に合わせた原寸大の紙に模様を描きます。その図案をもとに、何色の糸をどのように組み合わせて模様を織り出すかを決め、紋意匠図《もんいしょうず》（柄の設計図）を考えます。続いて、設計図どおりに織るために、織機《しょっき》に経糸《たていと》と緯糸《よこいと》の指示を出すデータを作るのが製紋《せいもん》とよばれる作業です。

帯の図案をもとに、経糸と緯糸の組み合わせを考える。

右・紋紙《もんがみ》に穴を開けて（紋彫りという）データを作る製紋。現在は上のようにコンピュータ化が進んでいる。
上・紋意匠図をコンピュータで読み取り、フロッピーディスクにおさめる。

原料準備

帯を織るための原料は、基本的に絹糸です。西陣では国内外の養蚕地《ようさんち》から上質な絹糸を仕入れています。白い絹糸は機屋《はたや》の指示によって経糸、緯糸、縫い取り糸（模様に使われる糸）など、用途別に必要な撚《よ》りをかけ、糸の準備をします。

糸がそろったら、糸を染

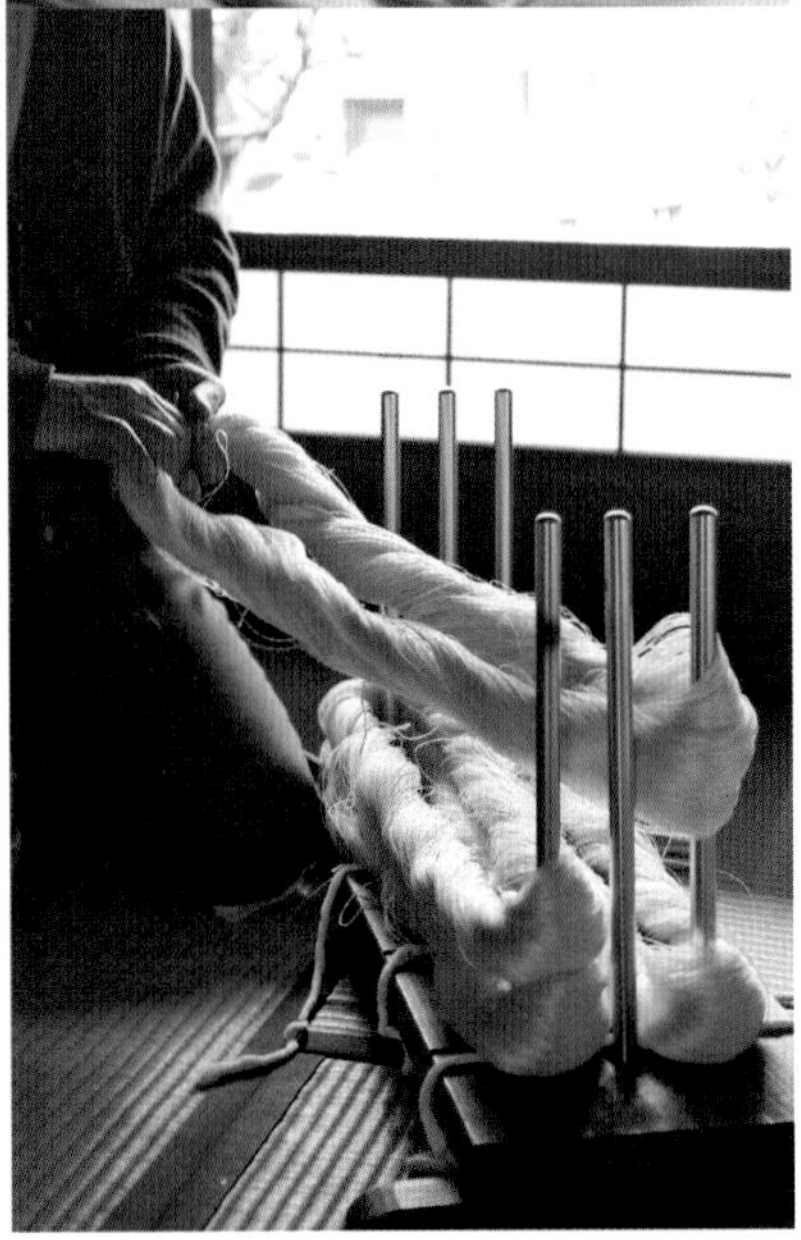

めます。帯にはさまざまな色糸が使われていますが、微妙に異なった同系色の糸がたくさんあります。京都では、中庭の北側で見た色を基準にする、といわれるくらい繊細な仕事です。また、豪華な帯には箔《はく》（平箔《ひらはく》）が織り込まれていますが、それは箔屋が受け持ちます。

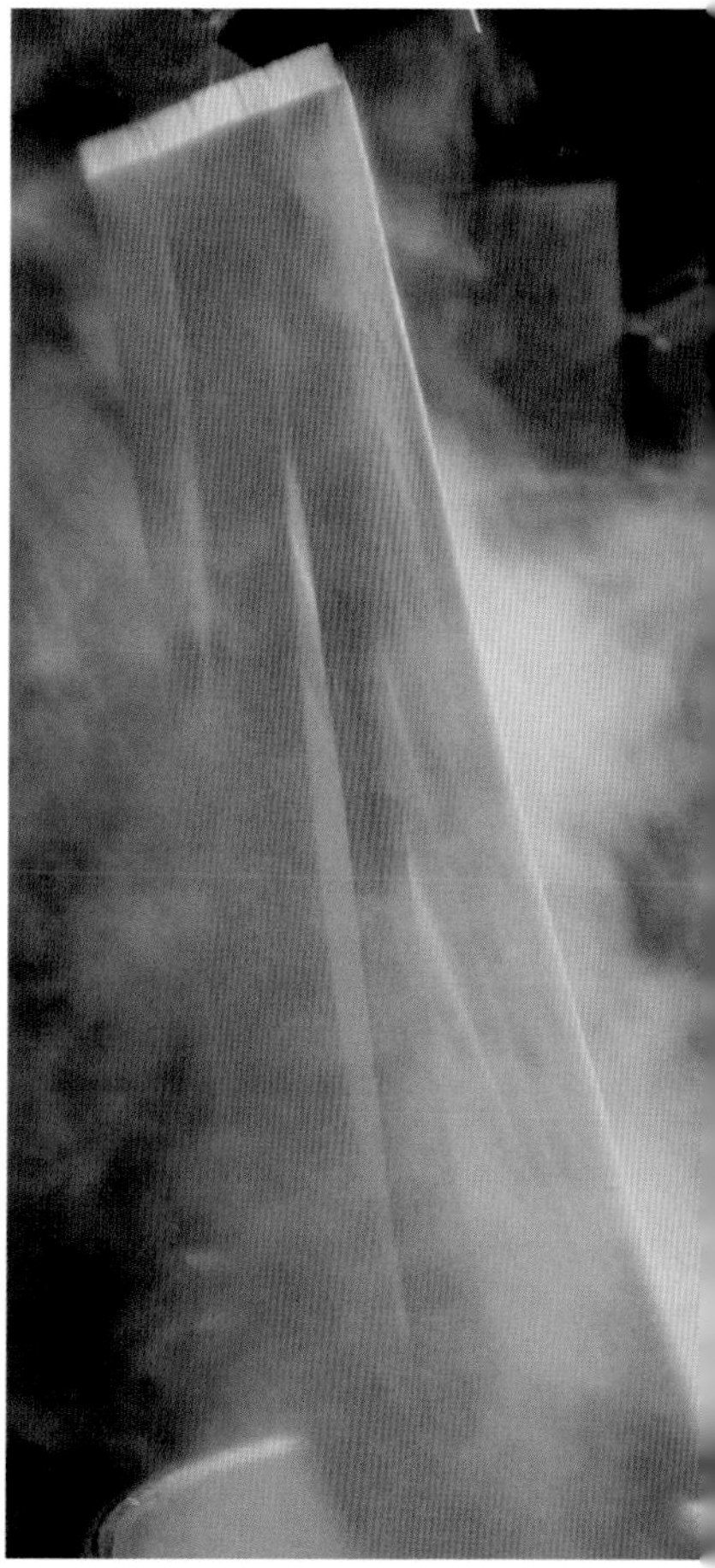

右ページ上・産地から届いたばかりの糸。経糸用、緯糸用、縫い取り糸用などに分けて束ねられている。
右ページ下・専用の道具を使って、大量の絹糸をかせごとにまとめるのは、糸屋の仕事。
上・糸を動かしながら何度も染め重ねて、目的の色にする。

機《はた》準備

織物は、経糸と緯糸を組み合わせることによって織り上がります。そのための準備として、経糸の長さや本数をそろえ（整経《せいけい》）、装置に経糸を通します（綜絖《そうこう》）。どちらも根気のいる仕事で、専門の職人が受け持ちます。

経糸は整経機の大きなドラムに巻かれた後、糸を安定させるためにボール紙に挟みながら、「千切《ちきり》」に巻く。

「綜絖」は経糸と緯糸が織られていくときに、経糸を引き上げ、緯糸を通す空きを作るための装置。

織り・仕上げ

帯によって機が異なります。西陣の代表的な錦織《にしきおり》や唐織《からおり》などは高機《たかばた》のジャカード機を、綴織《つづれおり》は綴機《つづればた》という専用の機が使われます。

ジャカード機が導入され、さまざまな模様の帯が織られるようになった。柄は裏に出てくるので、織り手は小さな鏡を置いて、柄を見ながら織り進める。

綴織は図案を下に置いて、図案を見ながら緯糸を織り込んでいく。緯糸は爪《つめ》や専用の櫛《くし》を使って打ち込む。

織り帯は色を染めた糸を織り上げます

鮮やかな色に染め上げられた国産の絹糸。
左ページ
右上・緯糸に銀糸が織り込まれている。右下・鬘帯《かずらおび》の柄をモチーフにした錦織。左上・菊と撫子をびっしりと織り出した唐織。左下・紅型《びんがた》のイメージで松竹梅を織り出したもの。

織りの基本組織

帯地の織り方にはさまざまな種類がありますが、どれも経糸《たていと》と緯糸《よこいと》を交差させて面状に仕上げたものです。その基本となるのは、平織り、綾織り、繻子織りの3つ。これに隙間《すきま》のできる綟り織りを加えた計4つの組織を覚えておきましょう。ほとんどの帯は、この4つの組み合わせからできます。

平織り

ひらおり

経糸と緯糸を1本ずつ上下に組み合わせて織られるもので、表と裏の組織が同じです。もっとも単純な織りですが、丈夫で破れにくいので、幅広く利用されています。一般的には堅く平滑なものが織られ、絹織物では御召《おめし》、縮緬《ちりめん》、紬《つむぎ》、羽二重《はぶたえ》など、木綿織物ではガーゼや晒《さらし》があります。帯では綴織《つづれおり》、ゴブラン織、すくい織、櫛《くし》織など。

平織りは、経糸と緯糸が１本おきに表に浮くようにクロスさせて織る。

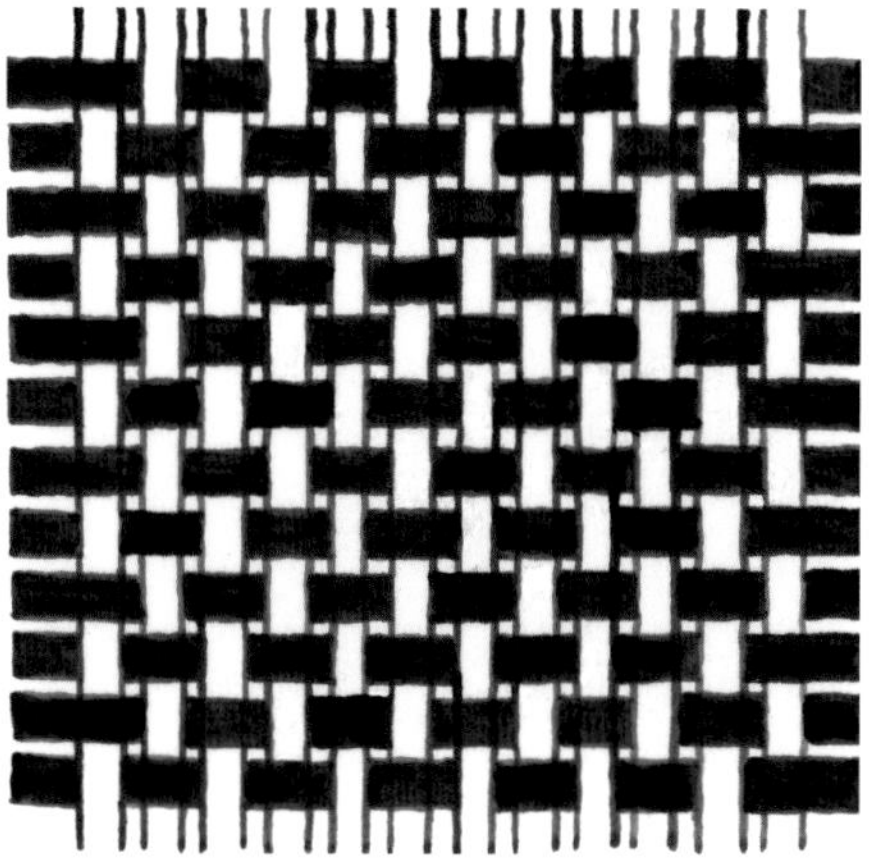

綾織り（斜文織り）

あやおり・しゃもんおり

経糸または緯糸がそれぞれに浮き、織り面には斜め方向に稜線《りょうせん》が走っています。このため、斜文織りともいわれます。表と裏では、ちょうど反対側の方向に現れます。糸の交差の仕方によって、いろいろな種類の斜文ができますが、図のように45度の角度で斜文線が出るものを正斜文といいます。平織りに比べて風合いが柔らかく光沢があります。帯では錦織《にしきおり》や唐織《からおり》の地の部分、佐賀錦など。

綾織り（斜文織り）は経糸と緯糸が斜めにずれて、表に浮いてクロスしている(図は５本)。

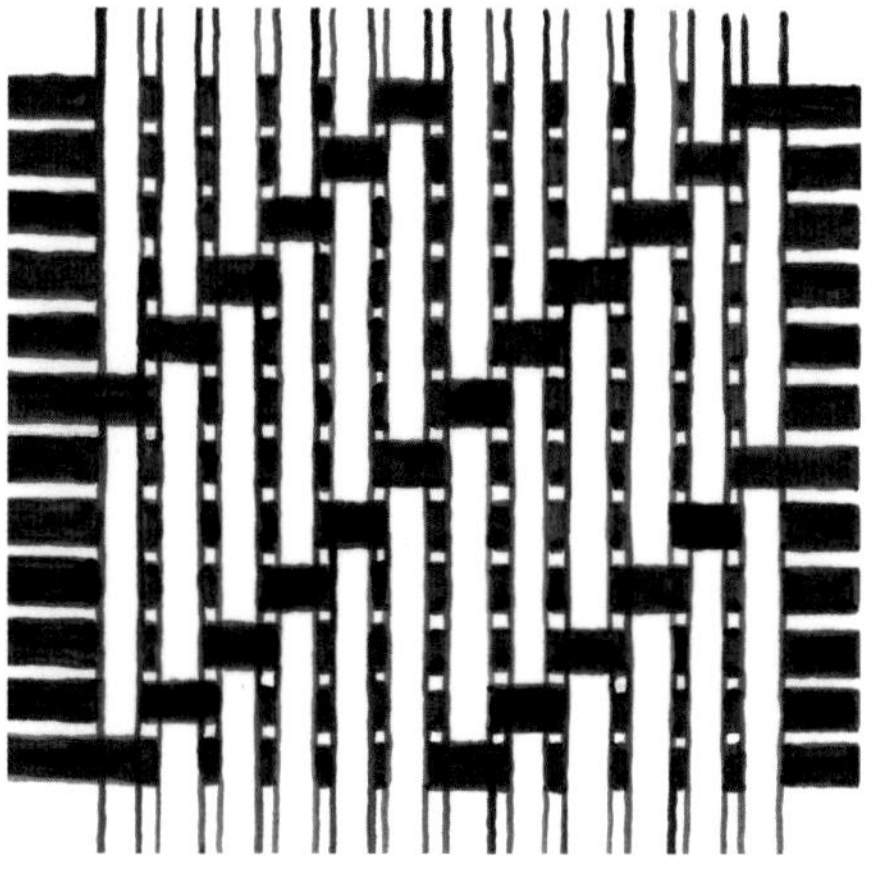

繻子織り

しゅすおり

朱子織りとも書きます。綾織りのように交差点が連続せず、まだらに配置された織物で、最小の繰り返し単位が、経緯の糸各5本以上から作られる組織です。5本ずつで組織させたものを五枚繻子、8本ずつのものを八枚繻子といいます。交点の少ない織物なので強度は多少劣りますが、その分しなやかで光沢があります。綸子《りんず》や緞子《どんす》（五枚繻子）など。

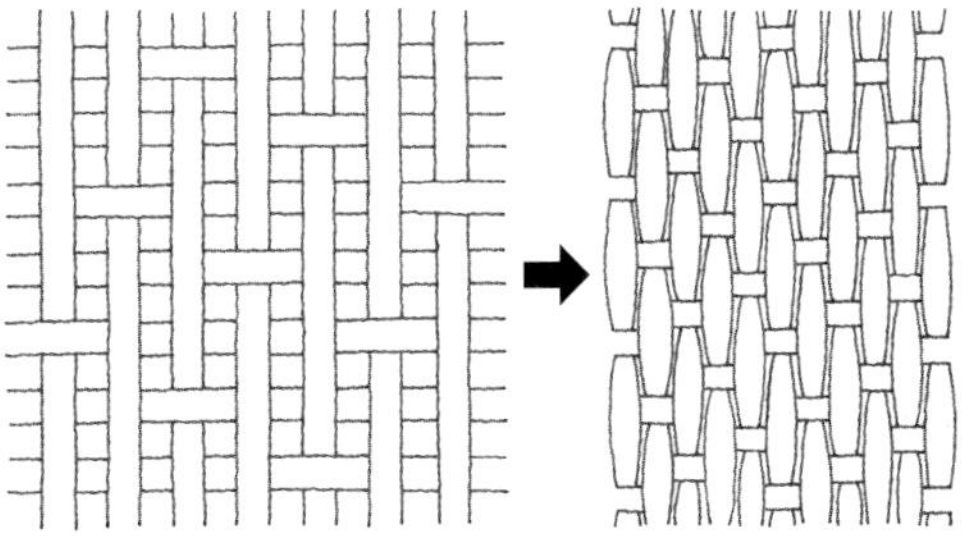

五枚繻子。経糸と緯糸を５本ずつ使用し、１本の糸は１回だけクロスされる。機《はた》にかけられた糸は、右図のように変化する。

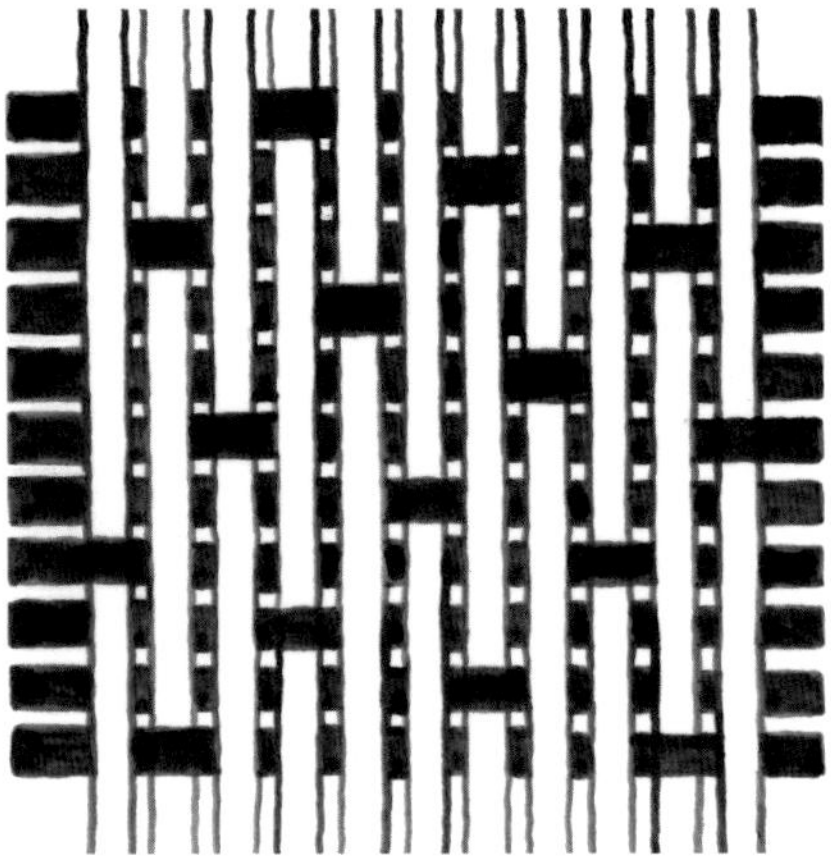

八枚繻子は、経糸と緯糸を８本ずつ使用し、１本の糸は１回だけクロスされる。

綟り織り（搦み織り）

もじりおり・からみおり

経糸を交互に綟り合わせた組織の総称で、搦み織りともいいます。この綟り組織は、経糸を綟るための半綜絖《はんそうこう》を使い、綟る経糸を、綟られる経糸の左右に動かし互いにからませます。こうすると、経糸が緯糸の間でからみ合って隙間を作ります。この隙間は透かし目ともよばれ、軽くて通気性のよい織物に仕上がります。代表的なものに紗《しゃ》、絽《ろ》、羅《ら》があります。

紗は1組の経糸の綟り方や経糸の本数によってさまざまな種類があります。絽は綟り目間に平織りや綾織りを入れたもの。羅は綟り経糸が左右の地《じ》経糸とその位置を変えて組織されます。

地経糸と綟り糸が機装置によって、その位置を左右に変えて透かし目を作っていく。下図の濃い経糸が地経糸、薄い経糸が綟り糸。

マーク
新紡13号

錦織のフォーマル用の帯には、金糸や銀糸が欠かせない。写真は箔押しという手仕事で作られた本金銀糸。糸状に裁断した箔を芯糸と一緒に練り上げたもの。このほか、粉金銀糸やアルミ金銀糸なども使われる。

【織りの技法】

錦織

にしきおり

多彩な糸を緯糸《よこいと》に使って、模様を織り出す

華やかさや豪華さの代名詞として使われている錦織ですが、金糸銀糸、多彩な色糸などを使って模様を織り出した紋《もん》織物の総称です。そういう意味では、＊佐《さ》賀《が》錦《にしき》や＊唐織《からおり》、＊綴織《つづれおり》なども錦織の仲間です。

起源は中国で、紀元前5世紀にはすでに織られていました。日本では、おもに京都西陣《にしじん》で生産されています。もともと、錦織は経糸《たていと》で模様を織り出す＊経錦《たてにしき》でしたが、唐代《とうだい》に緯糸で模様を表現する技法（緯錦《ぬきにしき》）が生まれ、以来多くの色糸を使って美しい模様が表現できるようになりました。

日本でも奈良時代以降は、緯錦が織られています。なお、佐賀錦や唐織、綴織も緯糸で模様を表します。

織機《しょっき》の形態は、明治初期にフランスからジャカード機が導入されて以来、大きく変わりまし

緯糸で模様を織り出す緯錦。図案に合わせて、必要な数の色糸を用意する。模様は裏側に出る。

錦織の地の部分は綾《あや》織り（斜《しゃ》文《もん》織り）。そこに緯糸で模様を織り出す。

＊佐賀錦は50ページ、唐織は54ページ、綴織は58ページ参照。　＊経錦は67ページ参照。

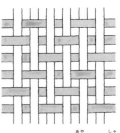

た。それまでは空引機《そらびきばた》という原始的な織機を使って、経糸を持ち上げる指示を人の手で行っていたのに対し、ジャカード機では穴を開けたパンチカード（紋《もん》紙《がみ》）を使って経糸に指示を送ります。さらに現代は手織り、自動織機に関係なく、紋紙の変わりにデータフロッピーを用いるのが主流になっています。

空引機に代わって導入されたジャカード機。引き手の役割を果たすのが紋紙。

現在、西陣では力織機《りきしょっき》による生産が盛ん。手織りに比べてコストの削減が可能。

平安時代からジャカード機が導入される明治の初めまで用いられていた空引機。この機は2人がかりで織るもので、上に乗った人が経糸を通した綜絖《そうこう》の束を持ち上げ、下にいる人が緯糸を通して織り進めるという仕組み。引き手と織り手の息を合わせるのがコツで、かけ声をかけ合いながら織っていたという。

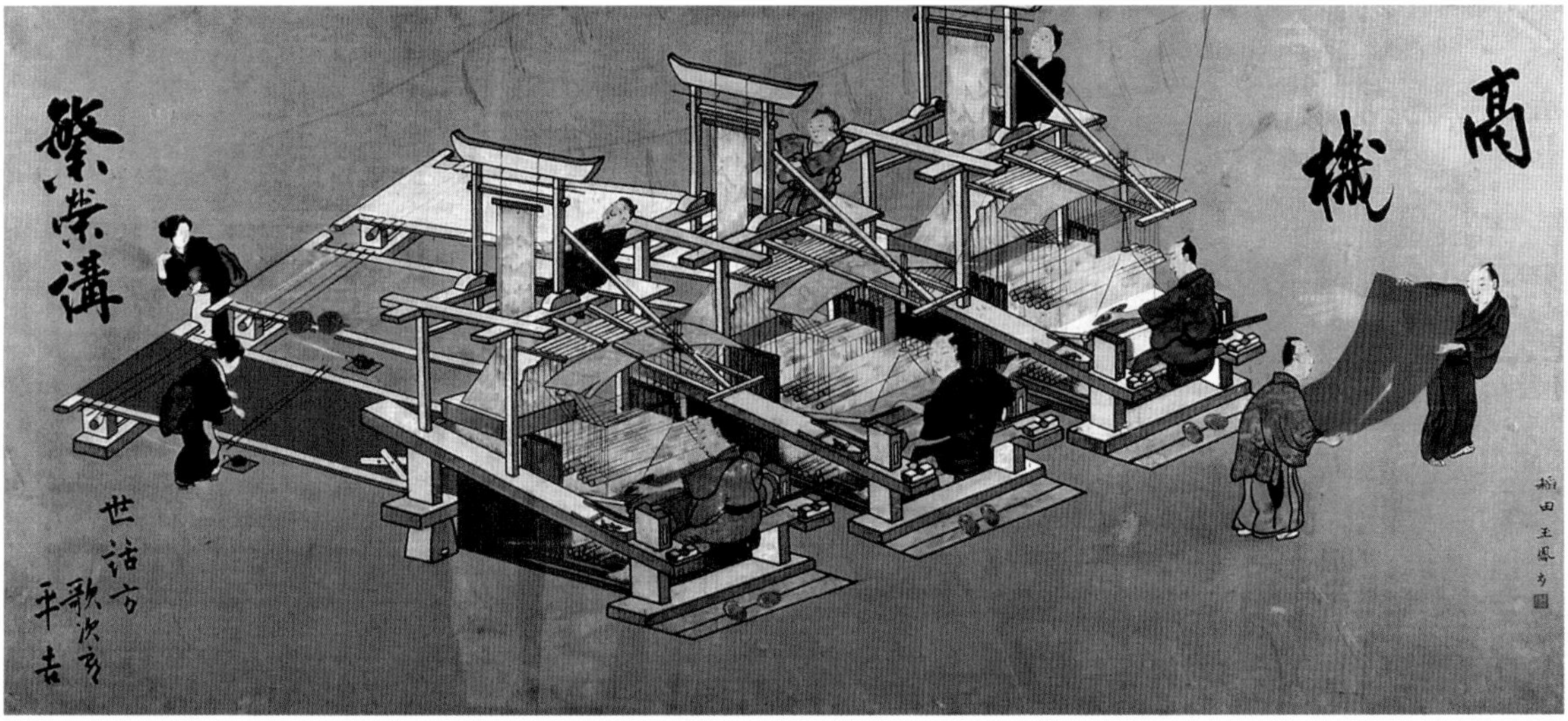

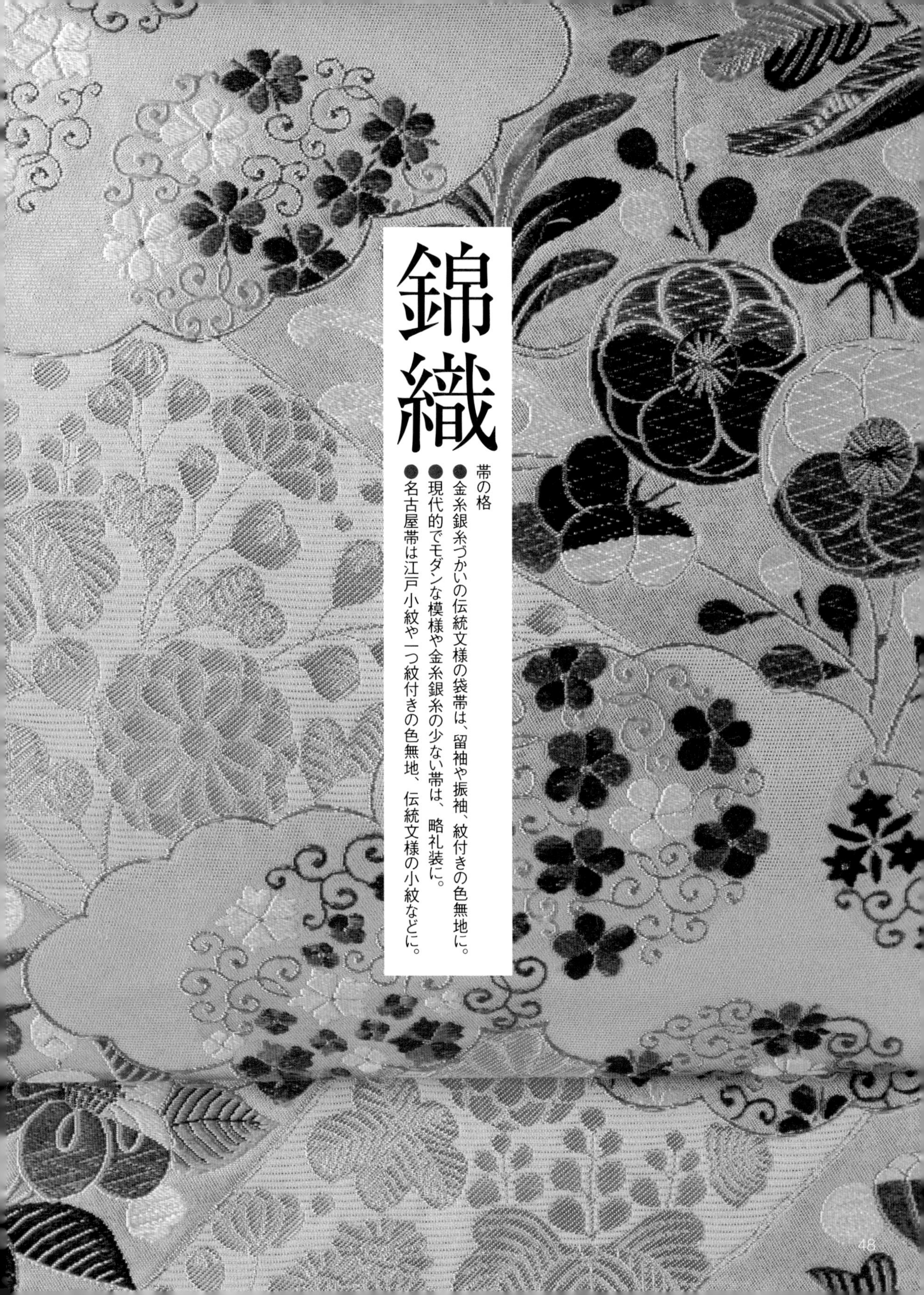

錦織

帯の格

●金糸銀糸づかいの伝統文様の袋帯は、留袖や振袖、紋付きの色無地に。

●現代的でモダンな模様や金糸銀糸の少ない帯は、略礼装に。

●名古屋帯は江戸小紋や一つ紋付きの色無地、伝統文様の小紋などに。

佐賀錦

帯の格
●箔づかいの豪華な帯なので、格調高い文様は黒留袖や色留袖の正装に。
●振袖用の華やかな帯は、変わり結びで各種式典に。

佐賀錦

さがにしき――経糸《たていと》に箔《はく》を使った重厚な輝きのフォーマル帯

錦織《にしきおり》や唐織《からおり》と異なり、佐賀錦は日本で生まれました。江戸時代に佐賀《さが》鹿島《かしま》支藩《しはん》鍋島《なべしま》家中《かちゅう》で織られたので、かつては鹿島錦《かしまにしき》とよばれました。代々の鍋島家の夫人たちが工夫を重ねて完成させたもので、明治・大正期に東京山の手の上流階級の女性たちの間で大流行した裂地《きれじ》です。

最大の特徴は、経糸に金銀の箔糸を使い、緯糸《よこいと》には金糸銀糸、色糸など多彩な絹糸を用いることです。錦織と同様に、文様は緯糸で表しますが、経糸に箔を使っているせいか、美しい輝きの中に文様が浮かび上がり、華やかさの中にもしっとりした趣《おもむき》が感じられます。

当初、鹿島錦の名前がついていたこの裂地は、明治43年（１９１０）に日英博覧会に出品され、それを機に佐賀錦の呼称がつきました。京都西陣《にしじん》が佐賀錦を帯地として開発したのもこの頃です。

上品で美しい輝きが魅力的な佐賀錦。さまざまな古典文様が織られているが、もともと、紗綾形《さやがた》、網代《あじろ》、菱《ひし》などの幾何文様に特徴がある。

手工芸品として発達した佐賀錦は、現在も佐賀県を中心に袋物や草履《ぞうり》用として織られており、こちらは小さな木製の組台が使われます。西陣で帯地として織る場合は、錦織と同じようにジャカード機を用います。

佐賀錦の地組織は錦や唐織と同じ綾織り（斜文織り）。経糸には0.5〜1ミリに裁断した金銀の箔が用いられる。

唐織

帯の格

●古典文様を織り出した袋帯は、留袖や振袖、訪問着、紋付きの色無地に。

●名古屋帯は付下げや江戸小紋などに。

●古典文様の細帯はパーティ用に最適。

唐織

からおり――良質の糸で織り出した模様は刺繡《ししゅう》のようにあでやか

能装束の織りとしても知られる唐織は、光沢のある美しい緯糸《よこいと》を浮かせて模様を織り出したもので、一見刺繡のような趣《おもむき》を持っています。唐織は室町時代に中国の明《みん》から伝わった織物で、中国から船に積まれたものは唐《とう》代《だい》のものかどうかにかかわらず、「唐《から》」という名前をつけてよばれることが多かったことから、この名がついたといわれています。西陣《にしじん》では室町末期に組織が解明され、織り始められました。

唐織は江戸時代になるといっそう手の込んだ豪華なものとなり、大名夫人の打掛《うちかけ》に引っ張りだこでした。現代でも唐織の人気は衰えず、能装束のほか、帯としても盛んに織られています。

唐織の地は三枚綾《あや》とよばれる綾織り(斜文《しゃもん》織り)が主流ですが、夏用の絽《ろ》や紗《しゃ》もあります。模様を織り出す色緯糸を「絵緯《えぬき》」といいます。格調の高い唐織の帯には、絵緯糸に滋賀県で生産さ

唐織の絵緯糸に用いられるだるま糸は、現在滋賀県長浜市でわずかに生産されている。だるま糸は同じ絹でも錦織の糸に比べて、太く光沢があるのが特徴。座繰《ざぐ》り(繭から手で糸を引き出す)糸が使われ、糸を引き出す姿がだるまを連想させることから名づけられたという。

土を掘ったところに据《す》えた「埋機」は「掘機《ほりばた》」ともいう。唐織だけでなく、織りには糸に適度な湿度が必要なため、昔から工夫がされてきた。

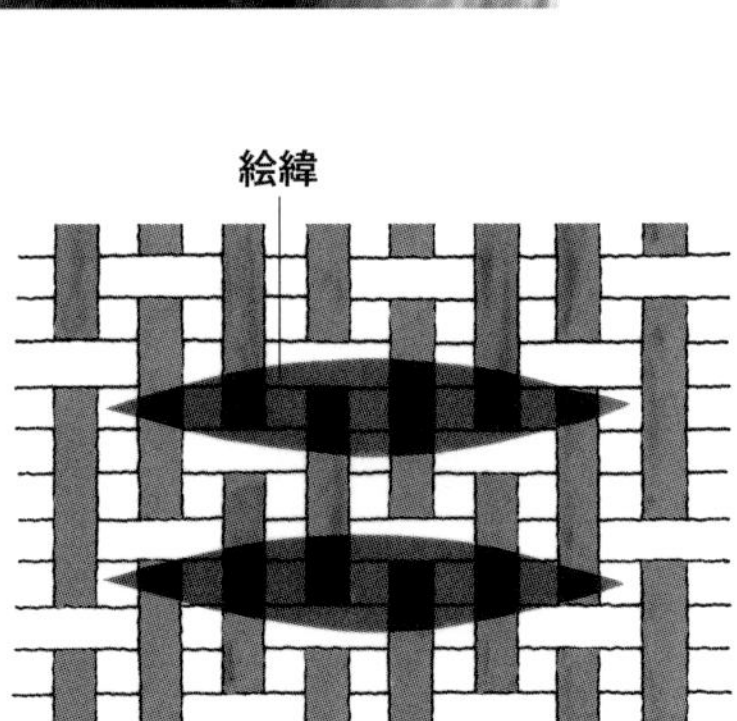

唐織の組織図。斜文織りに緯糸で模様を表す場合。

れている良質な繭《まゆ》から手引きしただるま糸が用いられます。

目の詰んだ織りにするために、地色になる経糸《たていと》を濡らしながら織り、さらに本格的になると、糸の湿度を保つために「埋機《うめばた》」とよばれる土を掘ったところに設置した機で織られます。

地織りに、色緯糸を用いて模様を表す。この緯糸を絵緯糸という。

綴織

帯の格

●金糸銀糸が使われた袋帯は、留袖や訪問着に合わせて礼装に。

●金糸銀糸が使われた袋名古屋帯は、付下げや色無地に合わせて略礼装に。

●金糸銀糸を使わない袋名古屋帯は、気軽な付下げや小紋に。

綴織

つづれおり

——図柄に沿って繊細な模様を鋸形《のこぎりがた》の爪《つめ》で織り上げる

綴織は、模様を織り出す方法としてはもっとも古いもので、世界各地に見られます。エジプトではコプト人によって精緻《せいち》な麻のコプト織が、南米アンデスでは木綿の綴織が、中国では絹織物の剋糸《こくし》が織られました。剋糸は絵画の下絵をもとに細かく念入りに織り上げられています。

素材や意匠《いしょう》は異なるものの、それらは自然発生的に生まれ、発達してきたと思われます。さらに、ヨーロッパでは王侯貴族用のタペストリーとしてゴブラン織が完成しています。

日本では奈良の東大寺正倉院《しょうそういん》などに綴織が見られますが、これらは中国からの舶載品で、国内で綴織が織られるようになったのは江戸時代です。京都西陣《にしじん》で中国の明《みん》や清《しん》の剋糸の技法にならって織られるようになり、祇園祭などの祭礼の装飾品として使われました。

下絵に沿って緯糸を織り込んだら、爪で緯糸を手前にかき寄せる。広い範囲の糸を寄せるときは黄《つ》楊櫛《げぐし》を使う。

綴織は、錦織や唐織を織る大きなジャカード機ではなく、専用の小さな手《て》機《ばた》で織られる。経糸の下に下絵がのぞいている。

やがて、明治初期に渡欧した西陣の川島甚兵衛《かわしまじんべえ》は、ヨーロッパのゴブラン織に魅了され、この技法や様式で帯を織り始めました。

通常、織物は経糸《たていと》と緯糸《よこいと》で織られ、模様を入れる場合はさらに別の経糸ないし緯糸が加わりますが、綴織は地の経糸と緯糸（絵緯糸《えぬきいと》）だけで模様を織ります。日本の綴織は経糸の下に織り下絵を置き、その図柄に沿って模様を表す緯糸を折り返すようにして織り進めます。このため、模様の境目に隙間《すきま》ができ、これを「把釣孔《はつりこう》」といいます。

緯糸で経糸を包み込むように織るので、完成品の帯には経糸はまったく見えません。なかでも緯糸を鋸形の爪でかき寄せながら織ったものは、本綴《ほんつづれ》（爪綴）とよばれます。

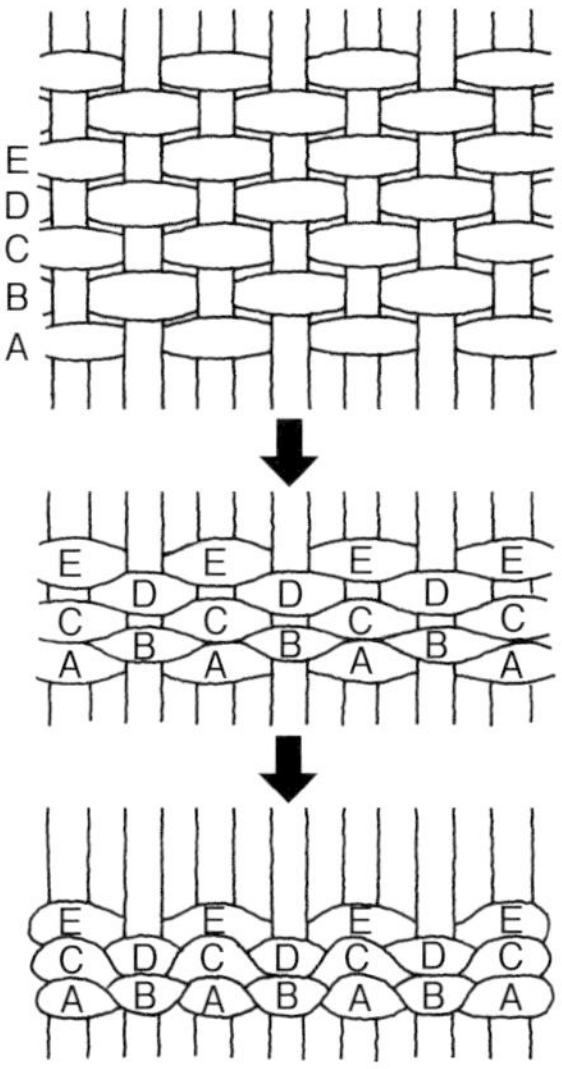

綴織の構図
基本の織り組織は平織りと同じ。綴織の場合は緯糸を手前に寄せて強く打ち込むので、織り上がったときは経糸が見えない。見えなくなる経糸は染色していない白い絹糸などを使うのが一般的。

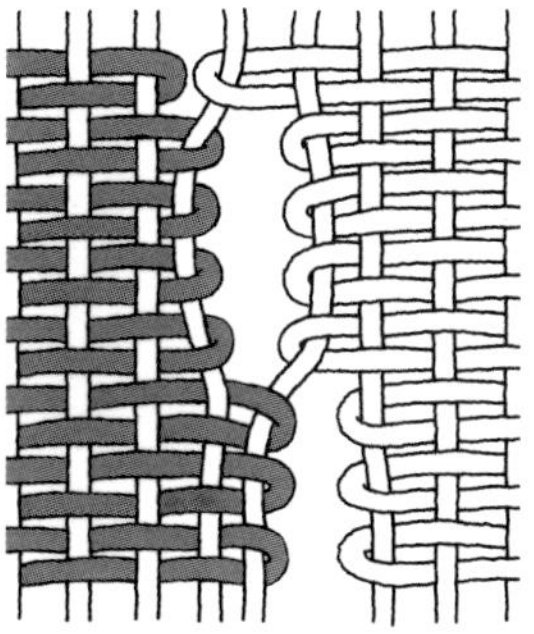

把釣孔
綴織のもっとも基本的な織り方の一例。緯糸が下絵に合わせて織り返された部分に生じた把釣孔。隙間ができても、密度が高いので強度的には心配ない。

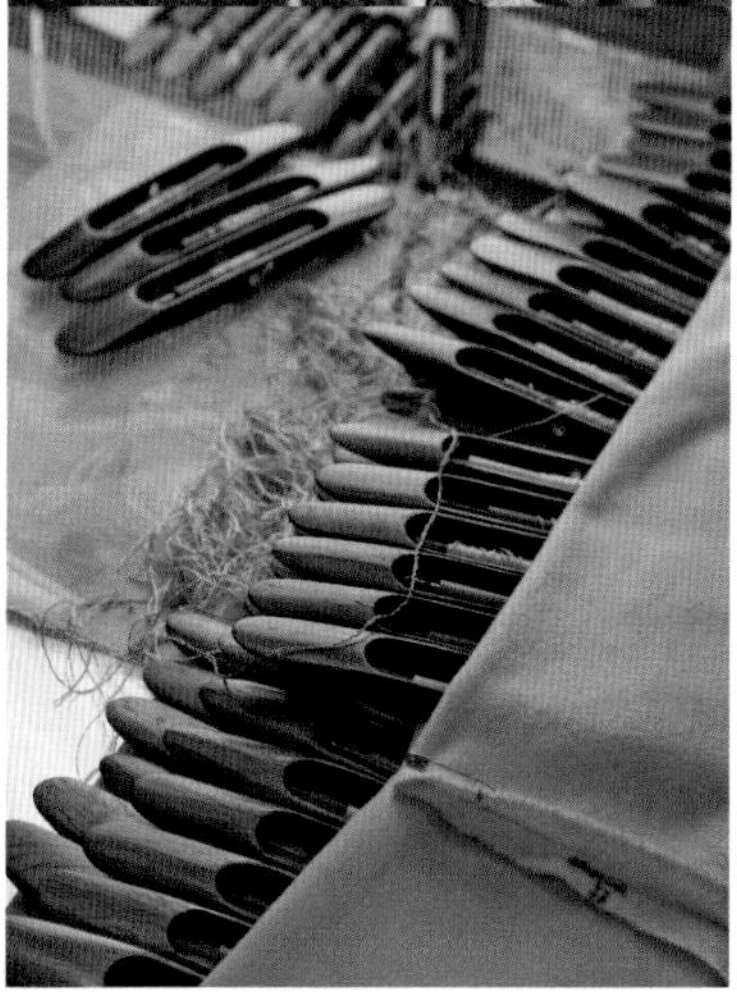

模様に会わせて糸の色を決め、必要な色糸を用意する。小さな機には緯糸がセットされたたくさんの杼《ひ》が。

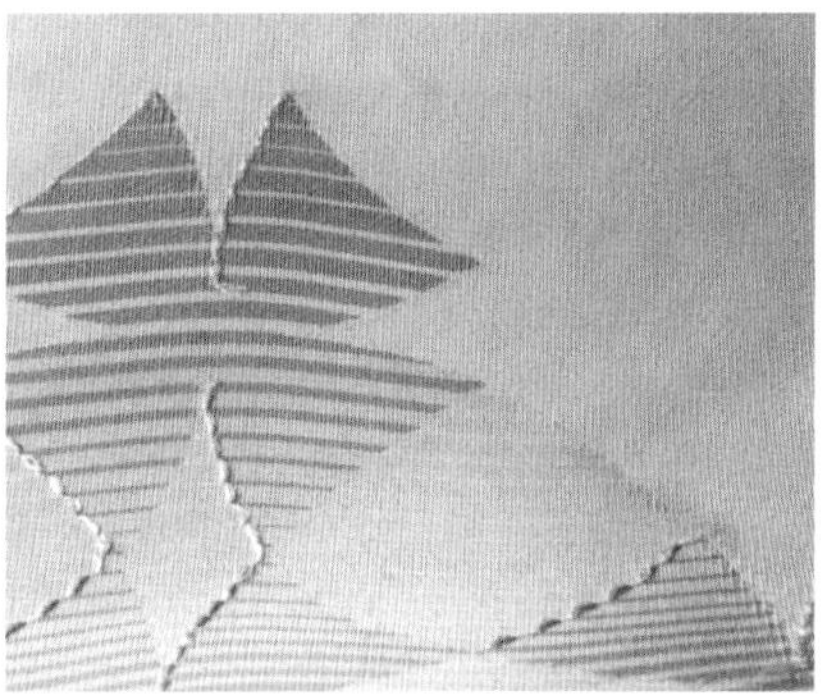

柄の縁に盛り上がって見える部分が把釣孔。写真は裏側から見たところ。

絨毛《おとしげ》文様の錦織の袋帯。絨毛を優しい雰囲気にアレンジした帯は、はんなりした色合いの訪問着や色無地に合わせて準礼装に。

色無地に、正倉院文様のひとつである宝相華文の経錦《たてにしき》の袋帯を合わせた格の高い装い。経錦は経糸で文様を表現する錦織。

博多織

はかたおり――しゃっきりした風合いの伝統的な洒落《しゃれ》帯《おび》

博多織といえば、縞《しま》や格子《こうし》、独《とっ》鈷《こ》、華皿《はなざら》（花籠《けこ》）など独特のくっきりとした文様が印象的です。これらの文様は中国から伝わった浮き織りの技術を取り入れたものですが、今日の博多織は、15世紀後半に博多の商人が中国に渡って織物の技法を学び、帰国してから改良を重ね考案したものです。

現在の博多織にはさまざまな種類があり、献上《けんじょう》・変わり献上、平《ひら》博多、間道《かんとう》、総浮《そううけ》、綟《もじ》り織り、重ね織り、絵緯《えぬき》博多の7種類が、伝統の技法を受け継ぐものとして生産されています。

なかでも有名なのは「献上」で、博多織の代名詞にもなっています。江戸時代、当時の福岡藩主黒田長政《くろだながまさ》は幕府への献上品として博多織を選びました。毎年3月に帯地10筋《すじ》、生絹《すずし》3疋《びき》を将軍に献上したためにこの名がついたとされています。

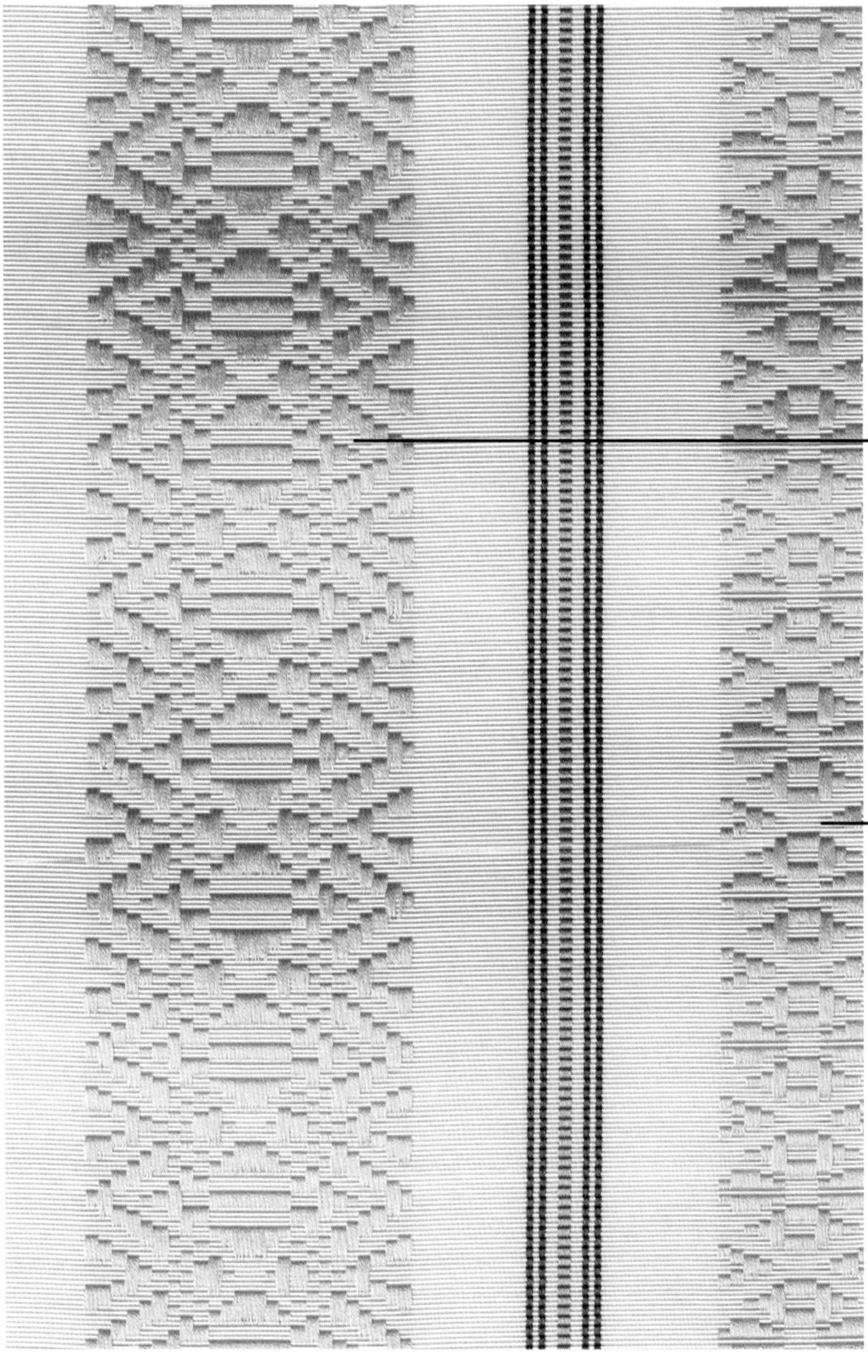

独鈷柄と華皿、縞を組み合わせた伝統の献上博多の帯。もっとも目立つのが独鈷柄。仏具の一種で、煩悩《ぼんのう》を打ち砕くのに用いられる独鈷を回転させたときにできる文様を図案化したもの。この柄の連続文様を１本だけ入れたものを一本独鈷《いっぽんどっこ》という。

仏具の一種、華皿を文様化したもの。中央に独鈷柄、両側に縞柄、さらにその両側に華皿文様が配される場合が多い。

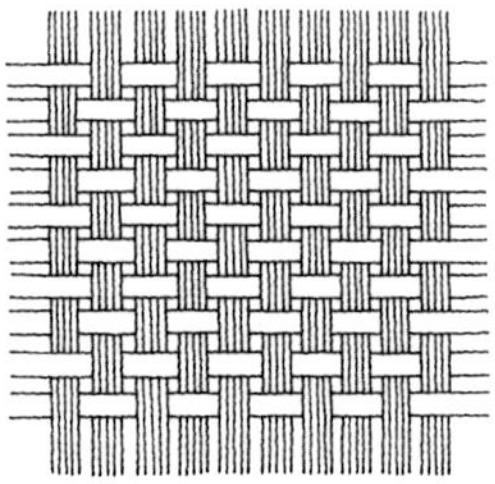

博多織の地は経畝《たてうね》織り（組織は平織りと同じ）で織られる。太い緯糸を強く打ち込むため、織り上がりには地の緯糸は見えない。

博多織の特徴は、ほかの帯地に比べて緯糸《よこいと》が太く、経糸《たていと》が密になっていることです。経糸に6000~7000本もの細い絹糸を用いて、太い緯糸を強く打ち込んで織ります。そのため、織り上がった帯地には緯糸は見えず、横に畝《うね》が見えます。ほかの帯は緯糸で文様を表していますが、博多織は経糸で文様を織り出します。

張りのある堅い厚地の帯なので、袋名古屋帯や半幅帯に織られます。きつく締めたときや大きく息をしたときに、強く打ち込んだ緯糸がきゅっと鳴るのも博多織ならでは。結びやすく着くずれしない帯として定評があります。

経糸で文様を織り出す博多織。現在も博多を中心に、福岡県全域、佐賀県、大分県などの一部で織られている。

博多織

帯の格

●小紋や紬などのお洒落着、江戸小紋や単衣《ひとえ》の紬にも。どちらかというと春や秋に向く。

●紗《しゃ》献上（紗織りの博多帯）は、夏のお洒落着やよそゆき浴衣に。

●半幅帯は浴衣や普段着に。

白地に独鈷柄《とっこがら》、華皿《はなざら》、縞《しま》を織り出した伝統の博多帯（八寸名古屋帯）。写真のように、中央に独鈷、両側に華皿、それに縞柄をあしらったものは「三献上《さんけんじょう》」という。

博多織は半幅帯にもよく見られる。写真は連続の独鈷柄が２本、華皿が３本織り込まれている「五献上《ごけんじょう》」。浴衣や家庭着に。

２種類の縞を織り分けた粋な博多帯（八寸名古屋）。単衣の紬やよそゆき浴衣にきりりと結びたい。

紬

つむぎ――紬糸を用いたざっくりとして温かな風合い

帯地のほか、きもの地としても用いられている紬は絹織物の一種で、紬糸を用いた織物です。

最近の紬のきものは薄手のものが増えました。産地によっては紬という名前だけが残り、絹糸で織られているものもありますが、紬糸を染めて織りで模様を表現したものは、ざっくりとした風合いが特徴です。きもの用に比べて、帯地用は太い紬糸が使われます。

紬糸には、おもに真綿《まわた》から手で糸を引き出して撚《よ》った、手つむぎ糸を用います。紬糸は湯の中に入れて柔らかくした蚕《かいこ》の繭《まゆ》を開いて蛹《さなぎ》を取り出し、繭を広げてふんわり丸めて真綿にし、そこから繊維を引き出しながら手で撚って作ります。このため、紬糸は太さが均一ではなく、ときには節《ふし》があります。

紬地を用いた帯には、織り帯のほか染め帯もあります。染め帯は、紬糸で織った白生地に模

紬糸の節が趣《おもむき》のある味わいを出している紬の帯地。

結城紬《ゆうき》に用いる太い真綿糸で織った袋名古屋帯。

結城紬の真綿糸を用いた半幅帯。しゃきっとした風合いが魅力。

様を染めたもので、織り帯よりも薄手。一般的に織り帯は袋名古屋帯に、染め帯は名古屋帯に仕立てます。

●紬の帯は基本的に街着や家庭着で、紬や小紋《こもん》、木綿《もめん》、ウールなどに。

●紬地に刺繡《ししゅう》や金彩《きんさい》をほどこしたものは、観劇や気軽なパーティに。

紬糸の作り方

蚕の繭を煮てからお湯につけて、中に入っている蛹や脱皮殻などを取り除く。

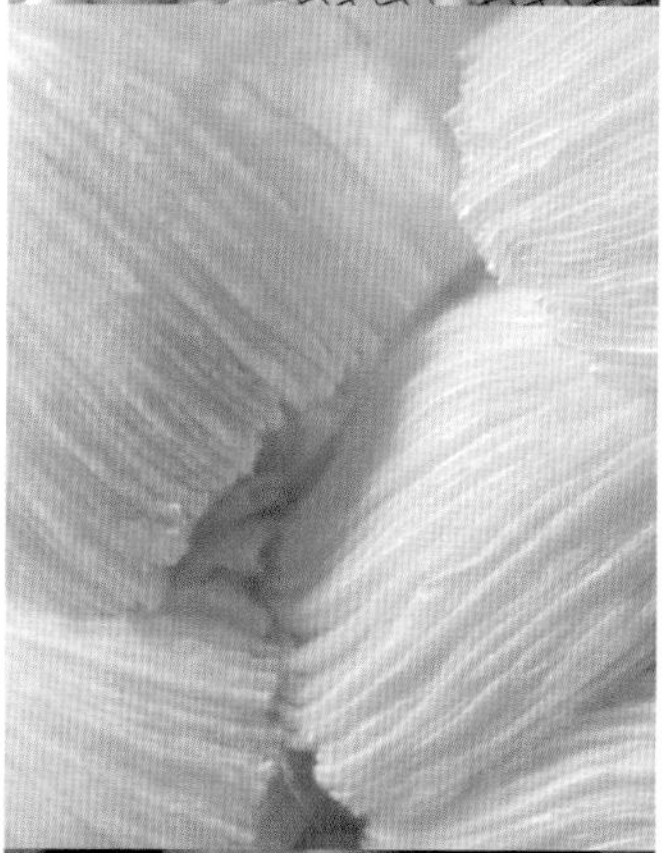

手で伸ばした5、6個の繭をまとめて袋状にする。これを袋真綿という。

袋真綿を専用の台に引っかけ、手で糸を引き出す。

経錦

たてにしき――経糸《たていと》で模様を織り出し、すっきりとした仕上がり

錦織《にしきおり》の一種で、経糸で柄を織り出したものを経錦とよびます。数種の色経糸を1組にし、地や柄を織り出すために緯糸《よこいと》を配します。現代の錦織は緯糸で模様を表現しますが、もともとは経糸でした。奈良時代に衰退した経錦の技法が復元されたのは戦後です。経錦は色づかいが少なく模様も小ぶりですが、精緻《せいち》な織りは気品を感じさせます。

●品格のある礼装、準礼装の帯。

伝統的な六稜華文《ろくりょうかもん》の経錦袋帯。

絽
ろ——透ける絽目《ろめ》と平織りの織り味で涼感を誘う

絽は夏のきものや帯、小物に欠かせない素材です。レース状の透け感に特徴がありますが、織りの組織は「＊搦《から》み織り（綟《もじ》り織り）」で、その布は「薄物《うすもの》」とよばれ、羅《ら》や紗《しゃ》も同じ仲間です。

紗はすべてが搦み織りで構成されていますが、絽はその紗をアレンジしたもので、織りに独特のニュアンスをつけるために、搦み織りの間に平織を入れています。平織りを入れることでできる筋を絽目といいます。

その平織りを構成する緯糸《よこいと》の数は必ず奇数で、その数により「三本絽」「五本絽」「七本絽」などがあります。さらに、平織りの部分に地紋《じもん》を表した「紋《もん》絽《ろ》」、平織りの部分の緯糸を強く打ち込んだ「絽綴《ろつづれ》」、多色の糸を織り込んだ「絽唐織《ろからおり》」など、さまざまな紋織物があります。

横に絽目のあるものを緯絽《よころ》、縦に絽目のあるものを竪絽《たてろ》といいます。わずかながら、きもの地

絽地に菊唐草文様を織り出した絽唐織の袋帯。礼装用の訪問《ほうもん》着《ぎ》などに合わせて。

搦み織りの間に平織りを入れた五本絽の帯地。

絽綴は絽組織の平織りの部分を綴織で表現したもの。華やかな模様の帯は付下《つけさ》げや小紋《こもん》に。

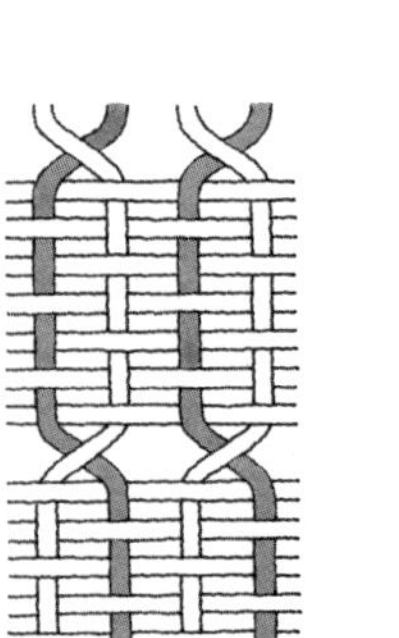

７本の緯糸を入れた七本絽。

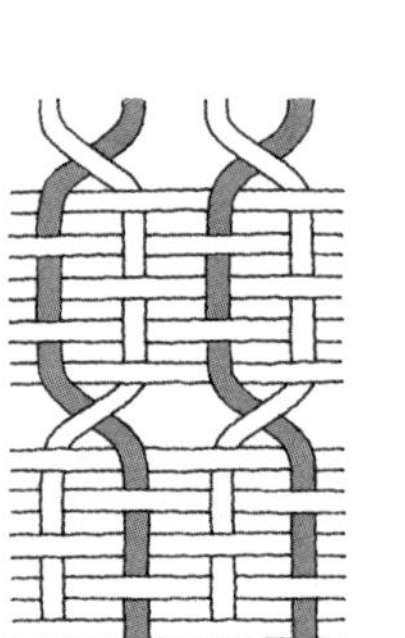

５本の緯糸を入れた五本絽。

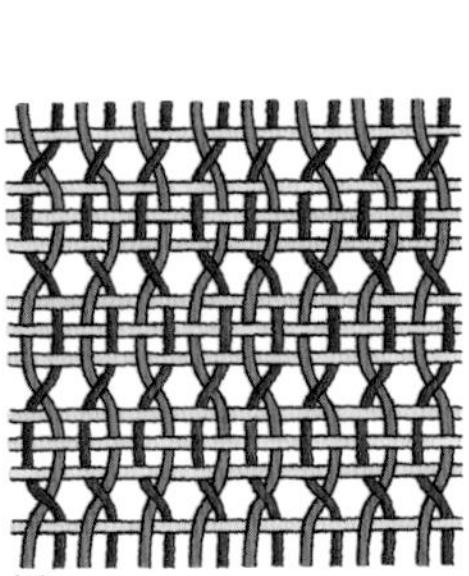

経《たて》糸は２本の糸が搦み、その間に３本の緯糸を入れて平織りにした三本絽。

＊搦み織りは43ページ参照。

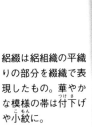

には竪絽も見られますが、帯は緯絽が一般的です。

また、絽は染め帯にも用いられ、柔らかな絽の白生地に季節感のある柄を染め抜いた夏帯が主流です。

◉絽袋帯は留袖《とめそで》や訪問着に合わせて、盛夏《せいか》の礼装に。

◉絽綴帯は格のある古典文様なら訪問着や付下げに、カジュアルな模様なら絽や紗の小紋に。

◉絽の染め帯は基本的に洒落帯。絽や紗の小紋、夏紬《なつつむぎ》などに。

絽目の透け感が爽やかな絽綴の袋名古屋帯。小紋や夏紬に合わせて盛夏のお出かけに。

網目状の織り柄が美しい羅の帯。

羅
ら――菱形などの網目《あみめ》状の織り柄が印象的な夏帯

薄物《うすもの》の中でも、もっとも織り目が粗く涼しげな羅は、和装ではおもに帯の素材として用いられます。羅は紗《しゃ》よりも歴史が古く、中国では秦《しん》時代（紀元前3世紀頃）にすでに織られていたといわれます。

日本でも奈良時代から各地で織られ、すぐれた技術を持っていましたが、応仁《おうにん》の乱以後に一時衰退し、昭和も戦後になってようやく復元されました。

羅は*搦《から》み織りの一種で、太撚《ふとよ》りの糸を用いて織ります。絽《ろ》や紗では経糸《たていと》2本が1組となり位置を変えて搦み合うのに対し、羅は1本の搦み経糸に対して2

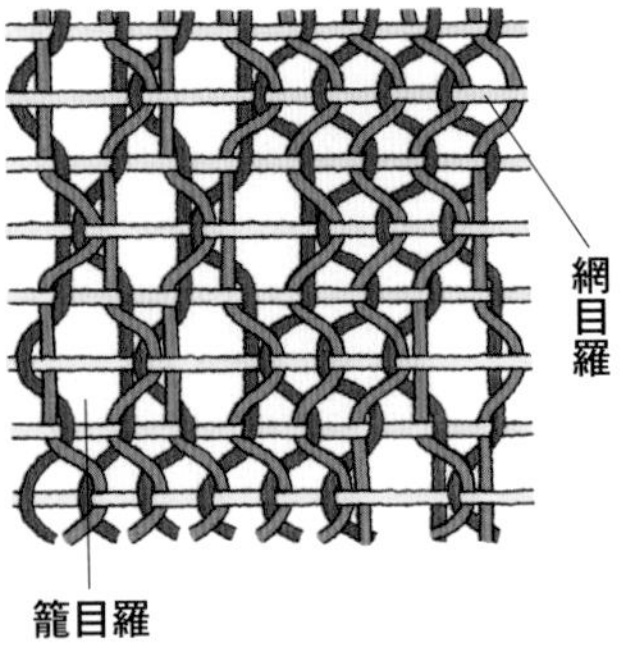

複雑な羅の組織図。網目羅は網綟《もじ》りともいい、搦み合う2本の経糸を隣り合う左右の経糸と交互に搦み合わせた網目状の羅。籠目羅は籠綟りともいい、網目羅と同じように経糸を左右の経糸と搦み合わせて織るが、緯糸4本に1本搦み目を外すと織れる。

羅織に金糸で瑞雲《ずいうん》文様を織り出した格調高い羅金《らきん》の袋帯。

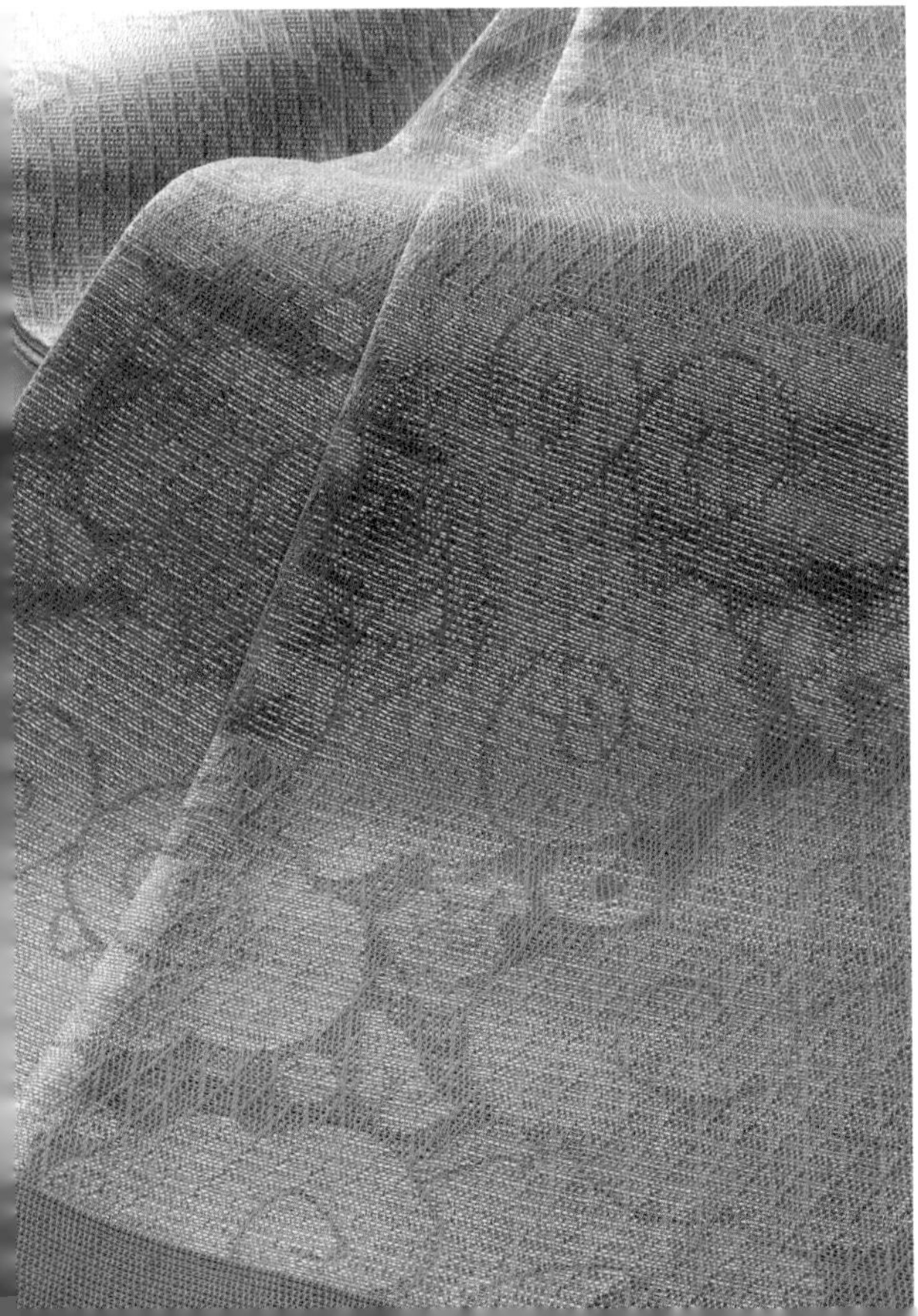

本の綜絖《そうこう》（振綜《ふるえ》という経糸を自在に動かす装置）を作用させます。平行に並んだ経糸が交互に隣の糸と搦み合って緯糸《よこいと》に支えられ、独自の織り目を作ります。この羅の基本的な組織には、網目《あみめ》羅と籠目《かごめ》羅があります。

羅の帯は張りがあるので、多くは帯芯を使わない袋名古屋帯として作られます。本来の羅は手機《てばた》で織りますが、レース状の機械織りの帯も羅とよばれることがあります。

◉正倉院宝物《しょうそういんほうもつ》の羅を再現した上代《じょうだい》羅は、絽や紗の訪問着《ほうもんぎ》、付下《つけさ》げに。シンプルな羅帯は夏紬《なつつむぎ》や上布《じょうふ》、絽や紗の小紋《こもん》に。

◉機械織りの羅の帯は、絽や紗の小紋、よそゆき浴衣に。

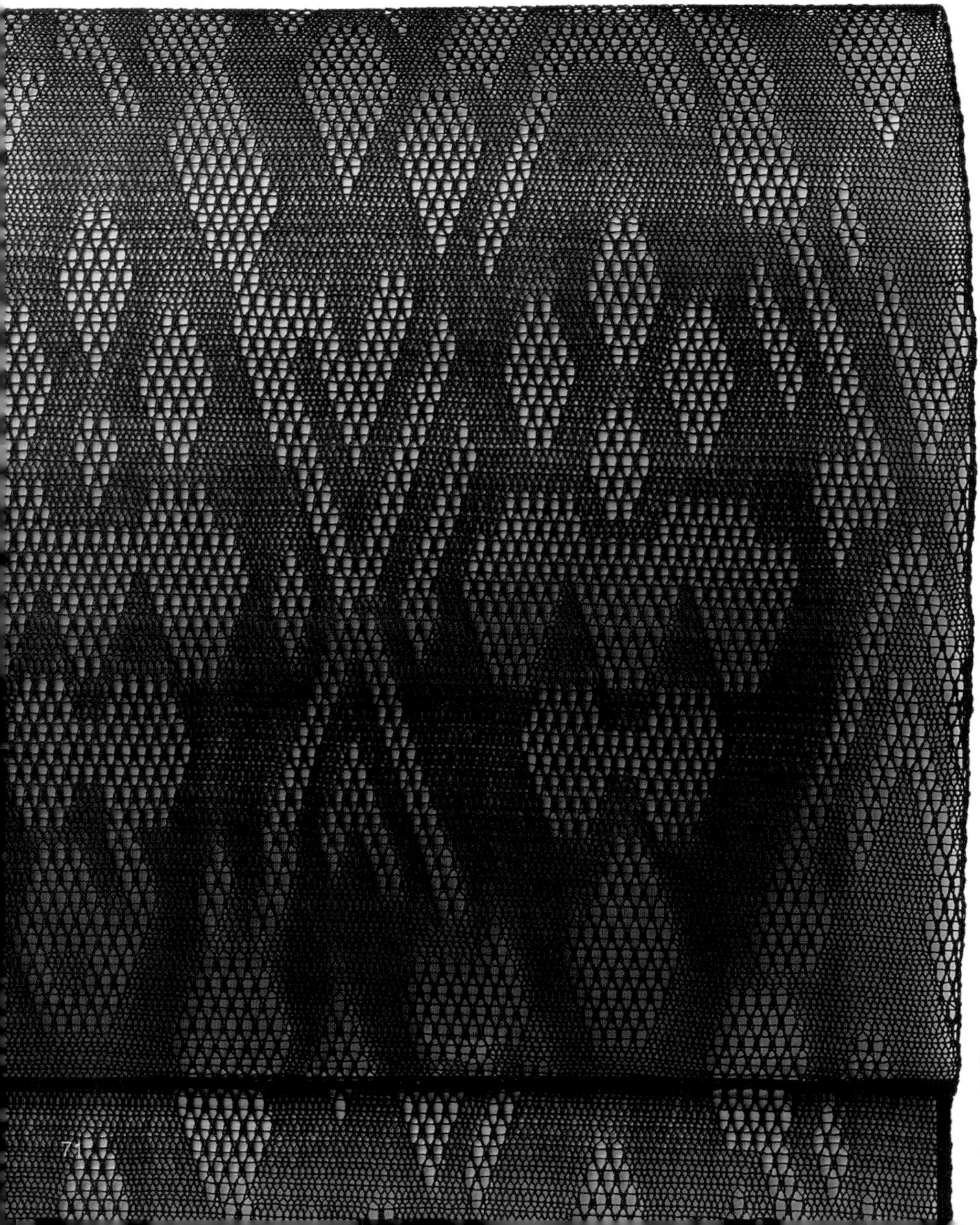

菱形の幾何文様が美しい羅の袋名古屋帯。

＊搦み織りは43ページ参照。

紗

しゃ ―― 緯糸《よこいと》で文様を織り出した涼しく華やかな帯

もっとも暑い季節に身につける紗の帯は、見た目に涼しいのはもちろんのこと、どこか華やかで気品があります。それはかつて平安貴族の盛夏《せいか》の装束として用いられていた歴史によるものかもしれません。日本では平安時代ですが、中国では漢代《かんだい》（紀元前二〇二年～紀元二二〇年）にすでに織られていました。

紗は織り帯、染め帯の両方が作られ、染め帯には一般的に地《じ》紋《もん》のない「素紗《すしゃ》」に涼やかな文様を染め出します。これに対し、織り帯の多くは地紋のある「紋《もん》紗《しゃ》」で、紗地《しゃじ》にさまざまな文様を紋織りで表現したものが主流

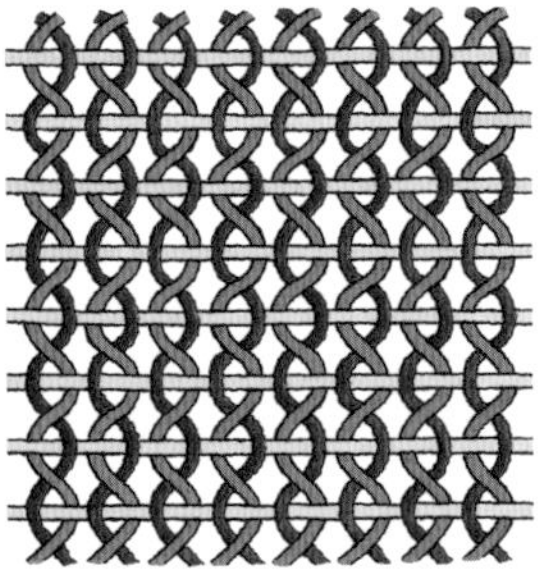

紗の組織図。地の経糸と絡る経糸を１本ずつ交互に並べ、緯糸１本ごとに絡る経糸を左右に動かして織っていく。

唐草文様を織り出した紗の袋帯。

紗の白地に光沢感のある白糸で、格のある波立涌《なみたてわく》文様を織り出した名古屋帯。

部分的に銀糸を用いて市松文様を織り出した紋紗の袋帯。

＊搦み織りは43ページ参照。

となっています。

紗は*搦《から》み織りの仲間で、緯糸《よこいと》が1本通るごとに1組2本の経《たて》糸《いと》が綟《もじ》られて隙間《すきま》を作り出します。織り帯の中には、緯糸に白糸や色糸を用いて華やかな文様を表したものもあります。

●金糸銀糸を用いた重厚感のある文様の袋帯は、盛夏の礼装に。

●金銀を抑えた袋帯は、絽《ろ》の訪問《ほうもん》着《ぎ》や付下《つけさ》げ、色無地《いろむじ》などに。

●織り名古屋帯は絽や紗の小紋《こもん》、染め名古屋帯は小紋のほか夏紬《なつつむぎ》にもよくなじむ。

紗の組織で博多織の文様を織り出した紗献上《しゃけんじょう》の半幅《はんはば》帯は浴衣に。

淡いピンク地に、円文の流水柄を織り出した紗の名古屋帯。

金華山織

きんかざんおり——ビロード織に金糸などで模様を表現

ビロード織に紋《もん》織りを組み合わせて豪華な帯に仕上げたもので、ループ（輪奈《わな》）になる糸と地を織る糸の2種類を使います。ビロード織は1本おきに細い鉄芯《てっしん》を入れて、経糸《たていと》を浮かして織り、ループを作ります。金華山織は繻子《しゅす》地のビロード織に金糸などで模様を織り出したもの。袋帯や名古屋帯に仕立てます。

盛り上がっているループ状の部分がビロード織。

風通

ふうつう——表と裏で色が反転する二重《にじゅう》織物

二重織物の一種で、中国の明《みん》から伝わりました。表と裏に色の違う糸を用いて表裏で糸の色が反対になるように織るため、表面に色違いの模様が現れます。明治時代以降に普及して、帯地のほか御召《おめし》などのきもの地にも用いられます。名古屋帯や袋帯に仕立てて、お洒落着《しゃれぎ》に合わせます。

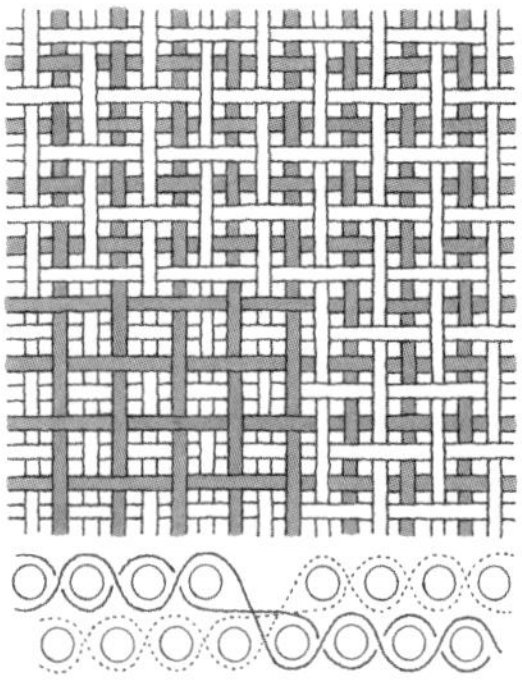

風通（二重織物）の組織図。一般的には経糸に2色、緯糸《よこいと》に2色を用意し、同じ色の経糸と緯糸が表と裏で別々に組織される。

2色の糸で表と裏の色が反対の色に。

金襴

きんらん――繻子地に金糸の模様が豪華

中国の宋代《そうだい》に織り始められた金襴は、金糸で模様を織り出した華麗な織物です。日本では室町・安土桃山時代に名物裂《めいぶつぎれ》として茶人に珍重されました。明治になってジャカード機が導入されると、西陣でも盛んに織られるようになり、現在は僧侶の袈裟《けさ》地や能装束のほか、丸帯や袋帯にも。おもに礼装用です。

名物裂の剣先龍《けんさきりゅう》金襴。茶席の帯地にも用いられる。

緞子

どんす――繻子地に金糸銀糸で織り出した光沢のある模様

地厚で絹糸の光沢を最大限に引き出した美しい織物。ベースは繻子織りで、そこに金糸銀糸を使ったあでやかな模様が映えます。中国からの舶載品は金襴同様、名物裂として珍重され、元禄時代から国産の緞子が作られるようになり、帯地としての最盛期は明治10年～20年代です。現在は表具《ひょうぐ》地や茶入《ちゃいれ》の仕覆《しふく》に使われ、帯の場合は丸帯か袋帯で礼装用になります。

表裏組織による色の変化で模様を表す緞子は、地は繻子織り、模様は緯糸で表現。

引き箔

ひきはく——金銀の箔を緯糸《よこいと》に織り込んで、豪華な礼装用の帯に

華やかな錦織の帯に欠かせないのが、金糸、銀糸、箔です。金糸銀糸とは、箔（平箔《ひらはく》ともいう）を芯《しん》になる糸に巻きつけ、撚りをかけた糸のことです。

箔は薄く引き伸ばした金箔や銀箔を、帯幅に合わせた薄い和紙に、漆を塗って張りつけ、それを1ミリ幅以下に細く裁断したもの。この箔を織り込む技術を「引き箔」とよんでいます。

極細の箔は、錦織や唐織などを織るときに、緯糸のようにして織り込みます。地織りに箔を織り込むことで、金ぴかにならずに、落ち着いた金や銀の美しさが生まれます。

最近は薄いフィルムに本金箔を直接コーティングしたものを糸状にカットして、色糸とともに緯糸に用いる方法もあります。

●有職《ゆうそく》文様や吉祥《きっしょう》文様の箔帯は、留袖《とめそで》や訪問着《ほうもんぎ》に合わせて礼装に。

●すっきりとした幾何文様などの箔帯は、趣味のきものにも。

左ページ
右上・三椏《みつまた》を原料とする薄い和紙に漆を塗る。右中・箔をピンセットで、隙間なく張りつける。右下・糸のように細く裁断された金箔。左上・箔に色をつけたもの。左下・緯糸のように、箔を1本ずつ丁寧に織り込む。

本金箔を贅沢《ぜいたく》に使って伝統的なペルシャ文様を織り出した袋帯は、礼装用。織りは*紹巴《しょうは》。

酒井抱一《さかいほういつ》作の「夏秋草図屛風」をモチーフに、金箔で緻密に趣豊かに表現した琳《りん》派《ぱ》文様の袋帯。

＊紹巴は80ページ参照。

二陪織物

ふたえおりもの——浮き織りの地に、別の糸で模様を織り出す

平安時代の貴族社会で用いられた、重厚で整った縫い取り技法によるもので、二倍織物、二重織物、とも書きます。十二単の唐衣《からぎぬ》や表着《うわぎ》の文様を思い浮かべるとイメージしやすいでしょう。

全面に亀甲《きっこう》や唐草《からくさ》、菱《ひし》などの地紋《じもん》を浮き織りで表現し、さらにその上に丸文や花鳥文などの上文《うわもん》を別の色糸で間隔をあけて織り出します。

地紋がなく、緯糸《ぬきいと》(絵緯《えぬき》)だけで模様を表したものを鎌倉時代以降は唐織物《からおりもの》とよび、やがてこれが能装束の唐織につながっていきます。

二陪織物の帯は有職《ゆうそく》文様などに織られることが多いので、グレードは高くなります。袋帯は留袖《とめそで》や訪問着《ほうもんぎ》に合わせて礼装に用います。

亀甲の地紋に、縫い取りで松菱《まつびし》文を重ねた二陪織物の帯。控えめながら、文様と技法の格の高さで訪問着や付下《つけさ》げに。

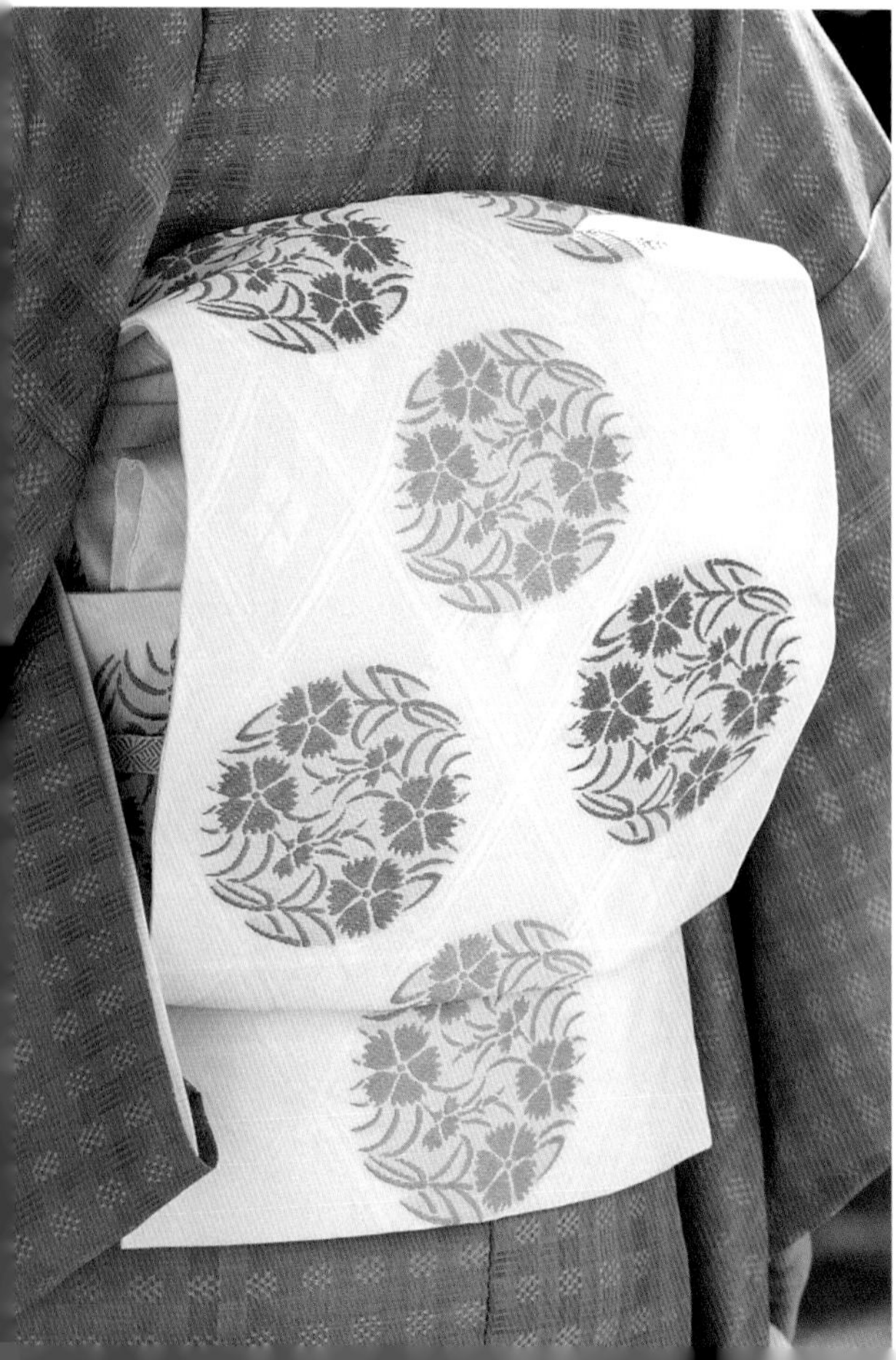

格調の高い三重襷《みえだすき》を紗地《しゃじ》で表し、その上に撫子《なでしこ》文様を織り込んだ名古屋帯は、夏のフォーマルにも。

組帯

くみおび

——日本の組紐《くみひも》の技術から生まれた格のある帯

織物は経糸《たていと》と緯糸《よこいと》が90度の角度で交差しますが、組物は2本の糸が縦方向に対して、45度の角度で交差します。組みの技術は、飛鳥時代に中国や朝鮮から持ち込まれましたが、その後日本の組紐の技術が発展し、帯まで作るようになりました。

日本に伝わった当初、組物は仏教用具の付属品として使われ、平安時代には束帯《そくたい》や弓具《きゅうぐ》に用いられました。安土桃山時代になると、女性用の細い組紐の帯（名護屋《なごや》帯）が大流行し、その後も羽織《はおり》紐や帯締《おびじ》めなどの装飾品に多用されました。

細い組紐を並幅《なみはば》の帯に組み上げる技術は、京都の伊豆蔵明彦《いずくらあきひこ》氏が正倉院宝物《しょうそういんほうもつ》を研究し、組台や組み方の工夫を重ねて完成させたものです。金糸銀糸づかいの組帯は、モダンな留袖や訪問着に似合います。

45度の角度で組まれ、交差した部分をきつく締めるために、木の棒で打ち込む。

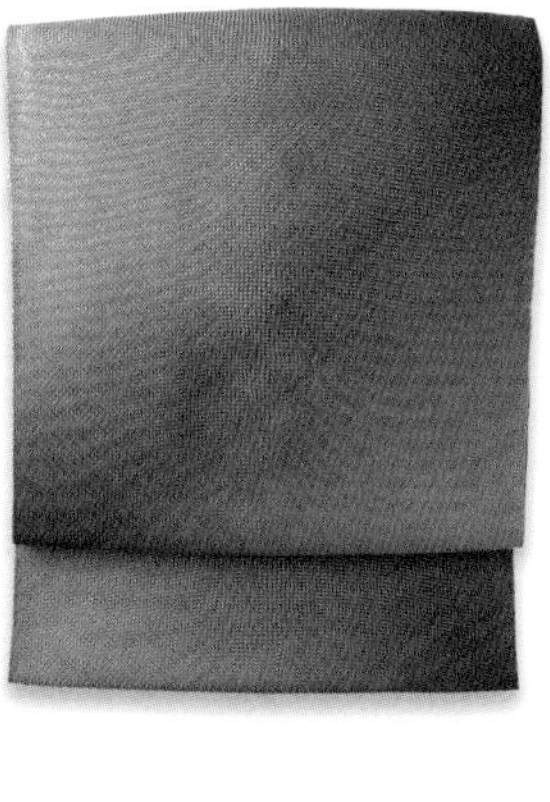

組帯は糸が斜めに交差しているので、縦に引っ張ると布を構成するすべての糸に均等に張力がかかるため、締め心地がよい。

組帯には幅60センチほどの組台を用い、手組みの組紐と同じように「組玉」とよばれる錘《おもり》を一本一本の糸の端につけ、糸を交差させることによって組んでいく。写真は唐組《からぐみ》をアレンジした帯。

紹巴

しょうは

―― 基本は経糸《たていと》と緯糸《よこいと》に強い撚《よ》り糸を用いた紋《もん》織物

現在、紹巴とよばれる帯には、名物裂《めいぶつぎれ》の紹巴と紹巴帯の2種類があります。

名物裂の紹巴は「蜀紦」「綃紦」「蕉芭」などの字が当てられることもありますが、現代は「紹巴」が一般的になりました。中国の明代《みんだい》から織られた紋織物のひとつで、細かい横の杉綾《すぎあや》状や山形状の地紋《じもん》が特徴です。

二重組織になっており、2色の緯糸で地の部分と模様の部分を表現します。経糸緯糸に強く撚りをかけた糸を用いるため、織り上がりは柔らかくしなやかです。紹巴の名前は、連歌師《れんがし》で利休の高弟の里村紹巴《さとむらじょうは》が愛用したことから名づけられました。

一方、紹巴帯は、名物裂の紹巴の上品な柄や風合いを表現しようと開発されたもの。2種類の経糸を交互に使い、一方を芯《しん》糸《いと》として、もう一方の経糸で表裏の緯糸を平織りにとじた組織です。

中国から伝わった紋織物の紹巴。

西陣で織られている紹巴帯は、少ない色づかいの錦織《にしきおり》のイメージ。控えめな柄付けの訪問着《ほうもんぎ》や付下《つけさ》げ、色無地《いろむじ》などに。

亀甲《きっこう》や七宝《しっぽう》、唐草《からくさ》などを更紗《さらさ》風に織り出した紹巴の名古屋帯は、茶席のきものなどに最適。

ふくれ織

ふくれおり――表面の盛り上がりがアクセントになった二重《にじゅう》織物

凹凸《おうとつ》のある独特の仕上がりが印象的な帯で、西陣では「ふくらし」とよばれます。上下の織り組織や収縮の違いを利用し、部分的にくっついたところと離れたところを作って、表面の模様部分などを盛り上げて織ったものです。洒落《しゃれ》袋《ぶくろ》帯や袋名古屋帯に仕立てて、小紋《こもん》や紬《つむぎ》などに合わせます。

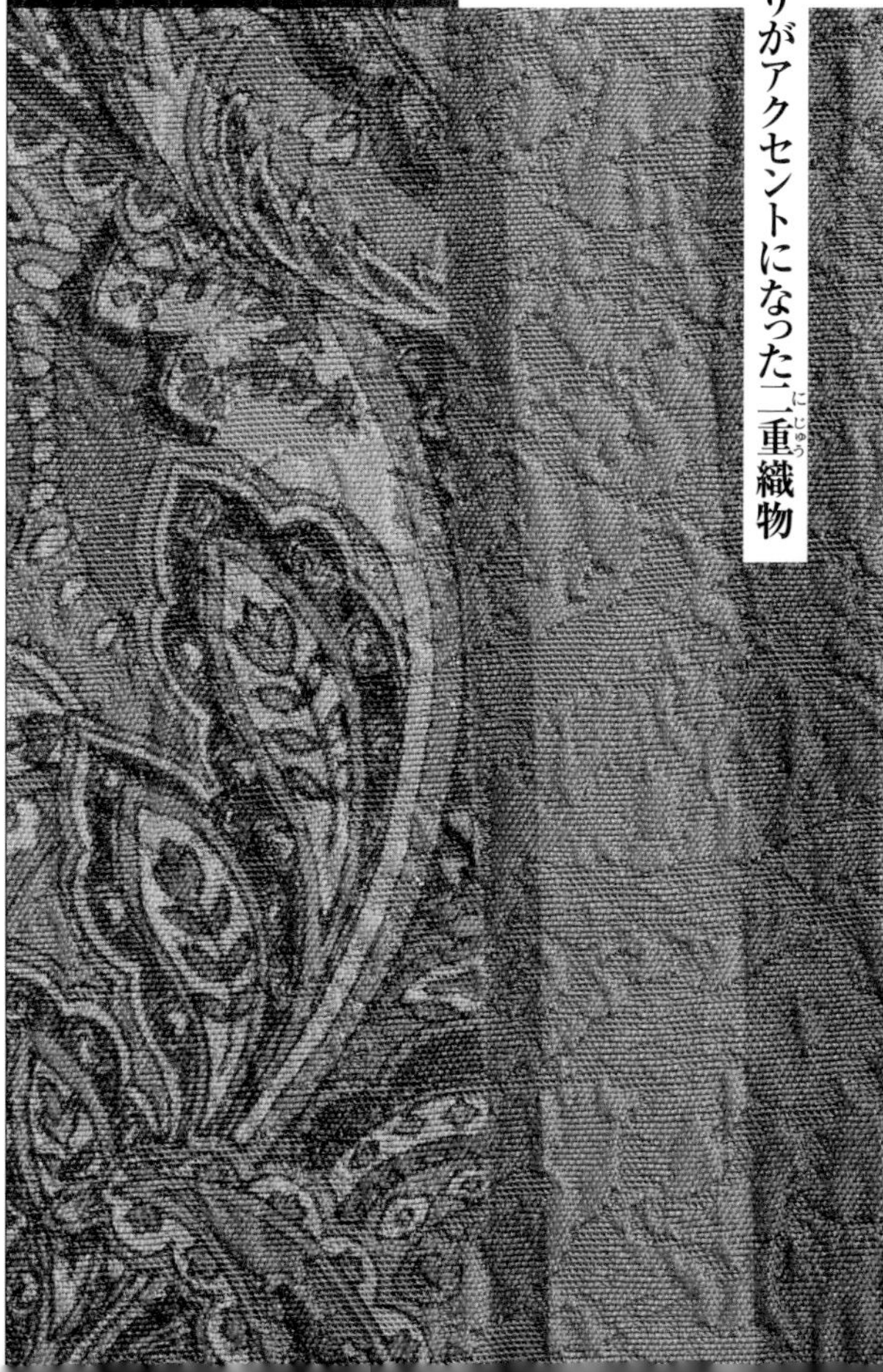

ふくれ織は、部分的に糸を盛り上げて、柄を立体的に表現する織物。模様の少ない帯でも、織り地に表情が生まれるので存在感がある。

すくい織

すくいおり――すくい寄せられた糸の自然な風合いが魅力的

「すくい」は織り技術の一種。綴織《つづれおり》に似た技法ですが、綴織よりもラフな仕上がりに特徴があります。緯糸を通してある杼《ひ》を使って、経糸の下に置いた下絵に合わせて、経糸をすくいながら模様を織っていきます。節《ふし》のある紬糸《つむぎいと》を使ったものは、糸がすくい寄せられた部分に自然な盛り上がりが生まれ、ざっくりとした地質が好まれています。

紫陽花《あじさい》を織り出したすくい織の夏帯。絽《ろ》や紗《しゃ》の小紋、夏紬に。

花模様を織り出したすくい織の袋名古屋帯は、小紋や紬に。

ゴブラン織

ごぶらんおり

絵画的なタペストリーの風合い

ゴブラン織は15世紀にフランスのゴブラン家が織り始めた綴織《つづれおり》の一種で、おもにタペストリーとして織られています。西陣《にしじん》でもこれをヒントに、多彩な糸を用いた美しい色彩の帯が織られるようになり、それをゴブラン織とよんでいます。太めの糸を用いて、絵画的な風合いを出します。

風景や生活様式、植物などのタペストリー柄を帯に表現。写真は欧州で壁紙やカーテンなどに用いられているペイズリー模様を織り出したもの。

斜子織

ななこおり

太い糸でざっくりと織った平織りの一種

平織りの変化組織のひとつで、畳織、バスケット織ともよばれます。経糸緯糸《たていとよこいと》ともに太めの糸を用いて織るため、ざっくりとした厚地の織物になります。

表面のつぶつぶ感が魚の卵に似ていることから魚子織、経糸と緯糸を2本並べて織ることから、並子織とも書きます。小紋《こもん》や紬《つむぎ》に合わせるカジュアルな帯です。

斜子織は平織りを変化させたもの。図は一例。

しなやかな織り上がりの斜子織。模様は写真のように絵緯《えぬき》で表すほか、綴織のように織り込むこともある。

櫛織

くしおり――櫛でかいて複雑な織り目を表現する

織る過程で櫛を用いて経糸をかきながら織ることから、この名がつきました。生地の密度が織り目に合わせてさまざまに変化し、経糸がよろけて見える独特の透け感が涼《りょう》を誘います。そのため、おもに夏の帯として人気がありますが、緯糸に多彩な糸を用いて布のように織り上げた袷《あわせ》用の帯もあります。いずれも小紋や紬に合わせます。

櫛織の織り目。経糸のところどころによろけた感じが見られる。何種類もの太さの異なる緯糸を用いる。

織成

しょくせい――模様の輪郭が柔らかな伝統の織物

平織りで綴織の一種です。綴織は模様部分だけに緯糸(絵緯《えぬき》糸)を織り込みますが、織成では地《じ》緯《ぬき》糸として、別の細い緯糸が全幅に色緯糸と交互に入れられるため、綴織のようなはっきりとした模様が現れません。その輪郭のあいまいさがこの織物の魅力にもなっています。

織成は奈良時代から織られている伝統の技法。太い絹糸を用いるため、織り上がりはやや厚手になる。袋帯や袋名古屋帯に仕立てて、色無地《いろむじ》、小紋、紬などに。

花織

はなおり

——経糸《たていと》と緯糸《よこいと》を浮かせて、模様を織り出す

一見刺繍《ししゅう》のようにも見える花織は、沖縄で織られている浮き織りです。経糸と緯糸を浮かせてさまざまな模様を織り出した、可憐で素朴な味わいが魅力です。

首里《しゅり》の織物の中に、手巾《ティサージ》という手ぬぐいを大きくしたような染織品があります。大切な人に贈るお守りのようなものですが、その手巾の模様に使われていたのが花織や絣《かすり》で、その技法を帯に転用したものが首里花織の帯です。

花織は沖縄では「はなうい」とよばれ、地組織が浮くもの（経糸が浮くものや緯糸が浮くものなど）と浮き糸を加えるもの（縫い取り）があります。これらの技法を使って、首里花織のほか、読谷山《よみたんざん》花織、南風原《はえばる》花織、与那国《よなぐに》花織などが織られています。

幾何文様が多いわりにシャープで冷たい感じにならないのは、大らかな南国生まれだからでしょうか。織りのきものに合わせ

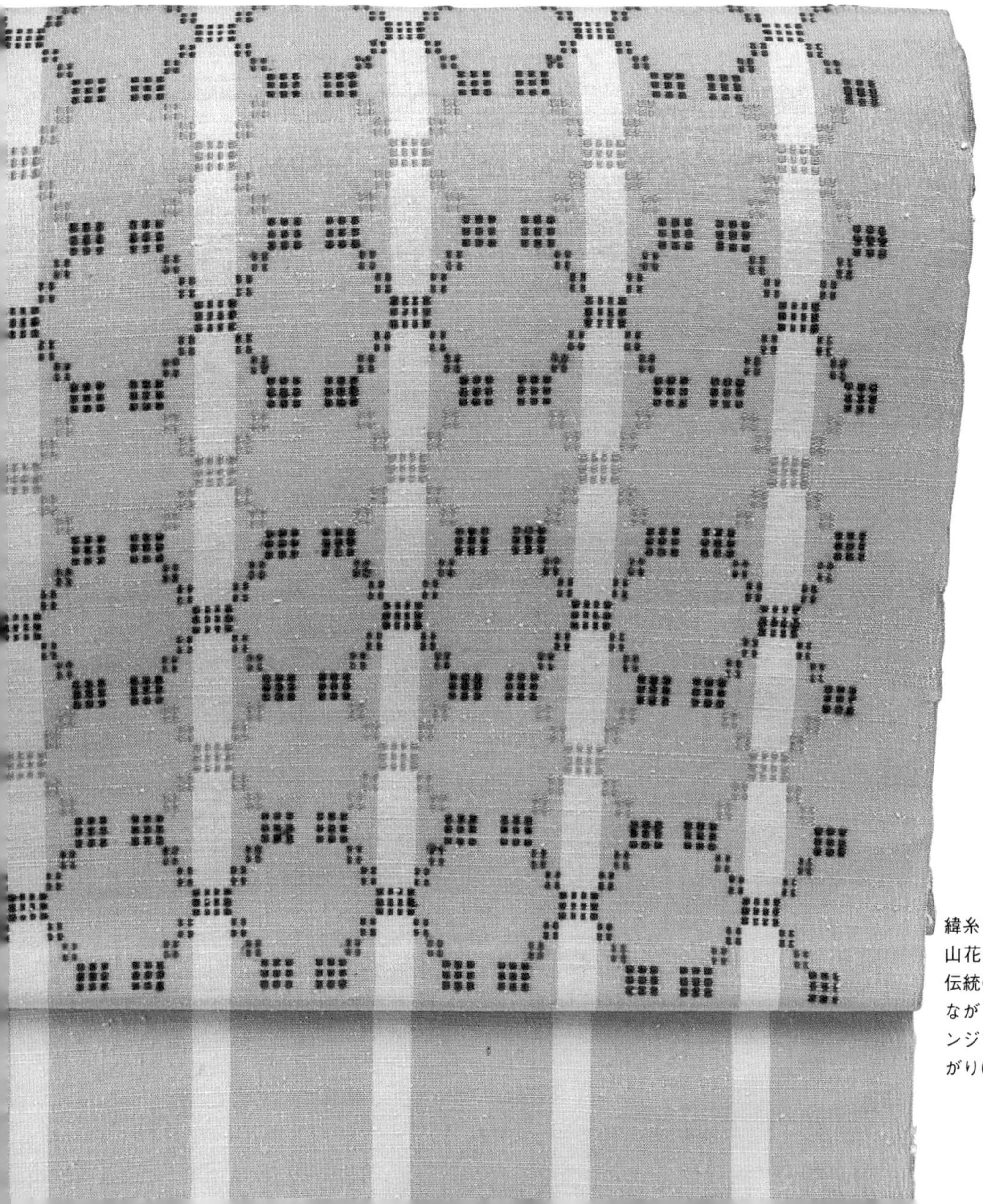

緯糸を浮かせた読谷山花織の名古屋帯。伝統の技を大切にしながら、色柄のアレンジでモダンな仕上がりに。

て、個性的なお洒落を楽しみたい帯です。

表　裏

経糸を浮かせた経浮き花織

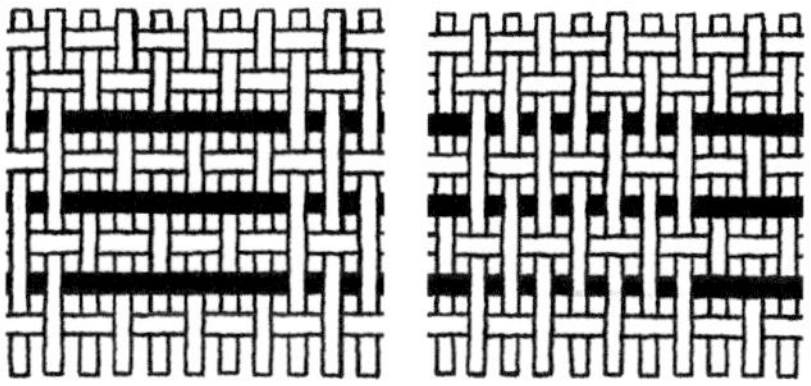

表　裏

緯糸を浮かせた緯浮き花織

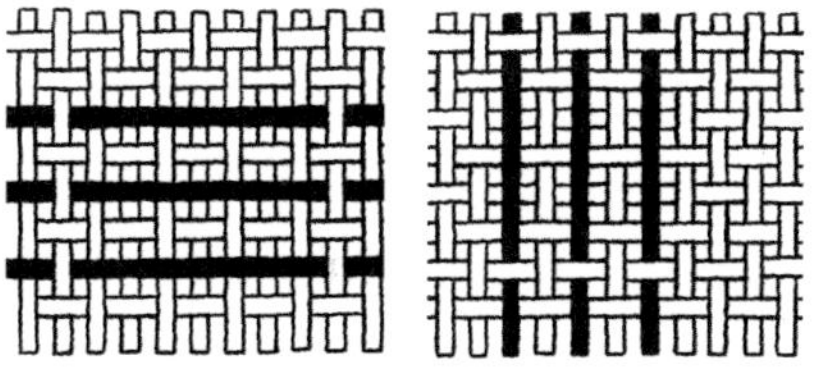

表　裏

表裏とも糸を浮かせた両面浮き花織

模様を縫い取った縫い取り花織

ミンサー織

みんさーおり――ざっくりとした織り味の木綿《もめん》帯

沖縄の八重山《やえやま》諸島や本島の首里で織られるミンサーの帯は、本来は木綿糸を地元の琉球藍《りゅうきゅうあい》や紅《クー》露《ル》などで染めた糸で織られます。

薩摩《さつま》から持ち帰った木綿を栽培し、沖縄本島で綿花が生産されるようになったのは17世紀頃。やがて八重山諸島でも栽培されるようになり、ミンサー織が始まったといわれます。5つと4つの絣柄に特徴があります。現在は細帯、半幅《はんはば》帯、袋名古屋帯などが織られ、浴衣や紬《つむぎ》、木綿のきものなどに合わせます。

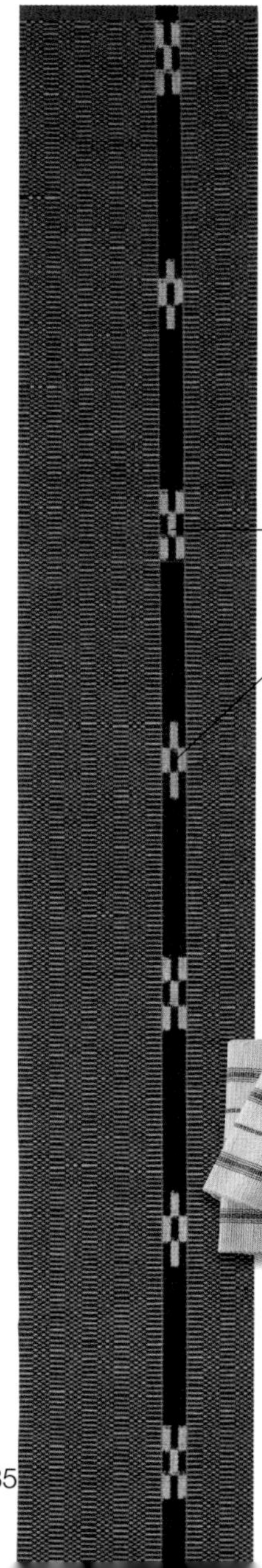

5つと4つの絣柄を交互に組み合わせて織られたものが主流。これは「いつ（5つ）の世（4つ）までも末長く」との願いが込められている。

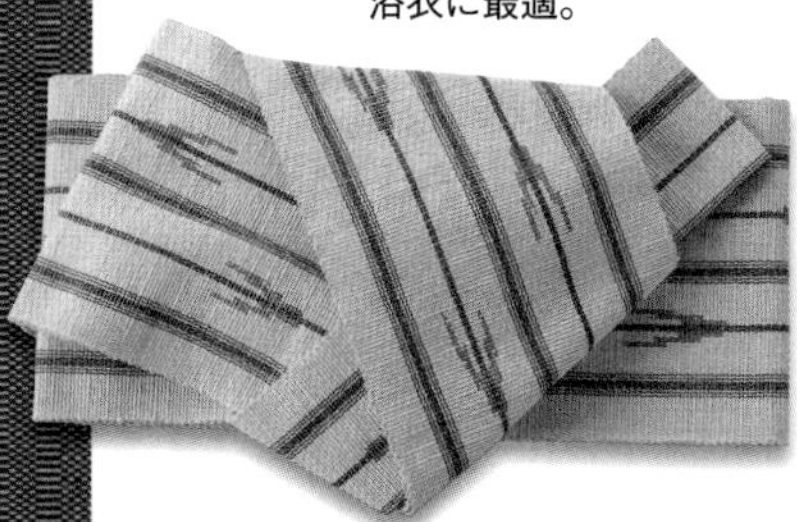

縞《しま》に鳥をイメージした模様を織り出した半幅帯。浴衣に最適。

自然素材の帯

カジュアルなきものが人気を集めていますが、そんな装いに合うのが、植物繊維の糸で織った帯です。織りの密度や糸の構成によって、袷《あわせ》、単衣《ひとえ》、夏紬《なつつむぎ》などに結びます。

工房で作られた芭蕉布。糸染めなどさまざまな工程を経て1枚の布が仕上がる。

芭蕉布《ばしょうふ》

糸芭蕉からとった帯用の上質な繊維

沖縄本島北部、大宜味村喜如嘉《おおぎみそんきじょか》などで生産されている貴重な織物。「ヤンバルバサー」とよばれ、昔から多くの人に愛されてきました。芭蕉布の糸は沖縄特産の糸芭蕉の茎（幹）の繊維から作られます。幹の切り口は25～27の輪層で、外側から4種類に分けて糸がとられ、帯用は2番目に柔らかい部分です。

上布《じょうふ》

絹のような輝きを持つ丈夫な苧麻《ちょま》が原料

上布とは上等な麻織物をさします。新潟県の越後《えちご》上布、石川県の能登《のと》上布、滋賀県の近江《おうみ》上布、沖縄県の八重山《やえやま》上布や宮古《みやこ》上布などが知られています。それらの多くは、原料に苧麻という植物からとった糸を用います。苧麻は植物繊維の中でももっとも強く、絹のような光沢が特徴です。上布は夏帯なので、夏のお洒落着に合わせます。

沖縄の宮古島で作られている宮古上布の袋名古屋帯。新潟の越後上布と並ぶ高級麻織物。宮古島で栽培されている苧麻の皮を剝《は》ぎ、指先で繊維を裂《さ》いて、1本の糸にし（苧績《おう》みという）、植物染料で染めてから織る。

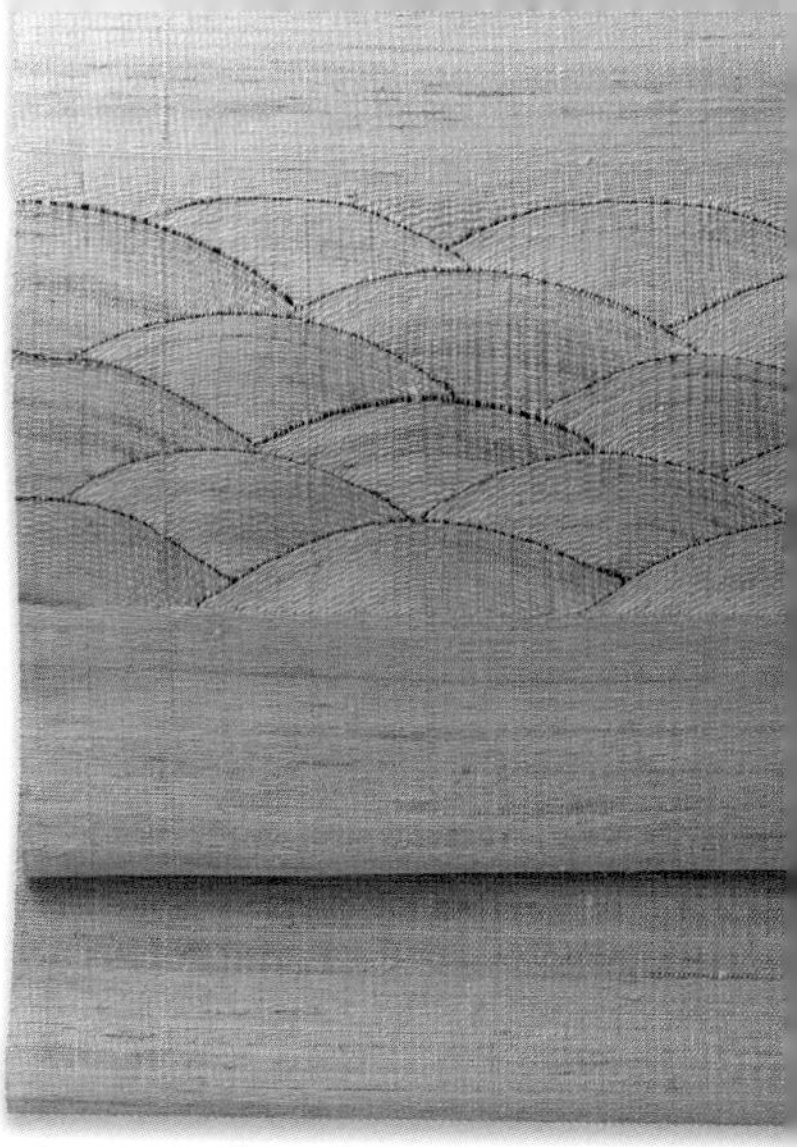

シンプルな模様入りの葛布の袋名古屋帯は、夏紬に合わせて。

葛布　くずふ

葛の繊維を紡《つむ》いで光沢のある糸にする

葛の蔓《つる》の繊維からとった糸は、織り上がりが美しく光沢があるので、江戸時代には衣服として人気をよびました。現在は原料不足のために生産量が減っていますが、静岡県掛川市では今も葛布づくりが行われています。

自然の温かさや優しさが伝わってくる藤布の袋名古屋帯。

藤布　ふじぬの

藤蔓の繊維からとるしなやかな原始布

藤は本州から九州の山林に広く分布します。この丈夫な藤蔓の樹皮の繊維からとった糸で織られたものが藤布です。弥生の時代から作られていた原始布のひとつです。藤蔓を刈って採集し、洗いながら表皮を剥いで繊維部分をさらに煮て、灰汁《あく》を取り出し糸にします。

手紡ぎの糸を植物染めにした木綿糸で織った帯地。ほっこりとした温かみのある風合いとデザインに。

木綿　もめん

綿花《めんか》から紡いだ糸で織った素朴な帯

木綿のきものも帯も、綿花（コットンボール）を手紡ぎや紡績《ぼうせき》して糸状にし、織られます。柔らかで温かく染色しやすい木綿は、江戸時代に全国に普及。麻に代わって浴衣や普段着に活用されました。模様も豊富で、絣《かすり》柄は今では紬にも盛んに織り出されていますが、もともとは木綿織物の模様として発達したものです。

染め帯は白生地に染料などで模様をつけます

染め帯の材料に欠かせない白生地。塩瀬《しおぜ》、縮緬《ちりめん》、絽《ろ》縮緬、紬《つむぎ》などさまざまな素材がある。これらを友禅染《ゆうぜんぞめ》、型染め、絞《しぼ》り染め、刺繍《ししゅう》などの模様付けの技法によって使い分ける。

左ページ

右上・塩瀬地に山帰来《さんきらい》を手描きで。右下・綸子《りんず》地に花模様を絞り染めで。左上・縮緬地に葡萄唐草《ぶどうからくさ》を型染めで。左下・縮緬地に御所解《ごしょど》き文様を友禅染と刺繍で。

【染めの技法】

友禅染

ゆうぜんぞめ

——友禅糊《のり》を用いて華やかな模様を染める

染め帯の技法は多種多様ですが、もっとも染め帯らしい柔らかさが表現できるのが友禅染です。なかでも、友禅糊の技法をほどこして、布の上に絵を描くように花鳥風月《かちょうふうげつ》や四季の草花などを表現した手描き友禅の美しさは、日本独特の味わいです。

元禄時代に京都に住んでいた扇絵師・宮崎友禅斎《みやざきゆうぜんさい》が考案したとされ、友禅染の呼称はそこから生まれました。

友禅染はきものにも帯にも使われ、制作工程はほぼ同じです。友禅斎が開発した友禅糊（糸目《いとめ》糊《のり》）はもち米とぬか、塩を混ぜたもので、その糊を使って防染することで、多色染めの華やかな模様が表現できるようになりました。

●金彩をほどこした吉祥文様の袋帯や名古屋帯は、訪問着《ほうもんぎ》、付下《つけさ》げ、色無地《いろむじ》などに。

●シンプルな模様を染めた名古屋帯は、小紋《こもん》や紬《つむぎ》に。

下絵が描かれた生地に、糸目糊を置く作業。模様の輪郭《りんかく》を微妙に調整しながら、糊を置いていく。

友禅染の色挿《いろさ》しに用いられる染料。基本色をもとにアレンジし、多いときは30色もの色を用いる。

左ページ
右上・塩瀬《しおぜ》地に節分のモチーフを描いたもの。右下・金彩《きんさい》が多用された華やかな帯。
左上・塩瀬地に紅葉を手描きで表現。左下・塩瀬地に白菊を染めた名古屋帯。

型染め

かたぞめ ―― 型紙を用いて、模様を表現する

模様を彫った型紙を用いて染める方法を型染めといい、きものにも帯にも用いられます。きものや帯が1枚の型紙で染められるものや、柄に合わせて何枚もの型紙を組み合わせるものがあります。

型染めは江戸時代に武士の裃《かみしも》柄（江戸小紋《えどこもん》）が染められたのをきっかけに普及しました。その頃から型紙は伊勢《いせ》（三重県）で作られ、伊勢型（伊勢型紙）とよばれます。

型紙を用いた染めはさまざまで、型紙の上からへらで写し糊《のり》を置く型友禅《かたゆうぜん》タイプ、型紙の上から丸刷毛《まるばけ》で染料を摺《す》り込む摺り友禅タイプ、型紙の上に防染糊を置いて模様を白く抜く江戸小紋タイプ、型紙の上から防染糊を置いて、手挿《てざ》しをする型絵染め（紅型《びんがた》染め）タイプなどがあります。

◉型染めに金糸銀糸が使われた袋帯や名古屋帯はセミフォーマルに。
◉すっきりした模様の型染めの名古屋帯はお洒落着に。

野趣にあふれた麻の白生地は型染めに欠かせない。ざっくりとした風合いの夏帯に。

木の台に張った布に型紙を置いて染めていく。

左ページ
右上・紬《つむぎ》地に型染めをし、部分的に刺繍《ししゅう》をほどこしたもの。右下・麻地に春蘭を染めた名古屋帯。左上・紬地に花を染めたもの。百合の黄色は後挿し。左下・生紬に紅型をほどこした華やかな夏帯。

絞り染め

しぼりぞめ——糸で括《くく》ったり縫ったりして防染し、模様を表す

絞り染めは防染によって模様を表す技法の中でも、もっとも素朴な技法です。そのため古代から現代まで続いています。

樹皮の繊維や糸で布の一部を括《くく》ることによって防染し、模様を染めます。特別な道具を用いず、手軽にさまざまな模様が表現できることから、世界各地で発展してきました。

絞り染めの全盛期は室町時代で、この時期に技術も種類も格段に進歩しました。幻の辻《つじ》が花染めが生まれたのもこの頃で、模様の輪郭《りんかく》線を細かく縫うことによって絵画的な模様を絞り染めで表現したものです。

江戸時代になると京都で鹿《か》の子《こ》絞りが、さらに有松《ありまつ》・鳴海《なるみ》の木綿絞り（現在は絹にもほどこされる）が登場し、日本独自の絞りが完成しました。

現在もそうした伝統を守りながら、多種多様な絞りの技が受け継がれています。絞り染めは

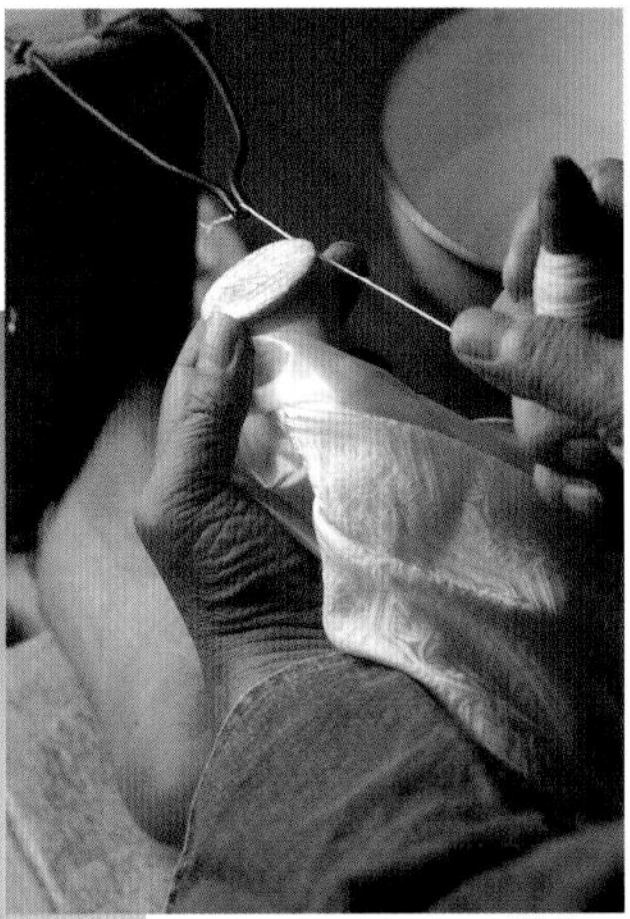

模様に沿って平縫《ひらぬ》いし、生地の裏に円筒形の芯《しん》を置き、模様の中が染まらないようにビニールをかぶせて絞る帽子絞り。

角張った粒が斜め45度に並ぶ疋田鹿の子絞りは、京鹿の子絞りともよばれる。現在は型絵摺《かたえず》りした模様に沿って絞り、布を指先で小さくつまみ、絹糸を数回かけてしっかりと結ぶ。

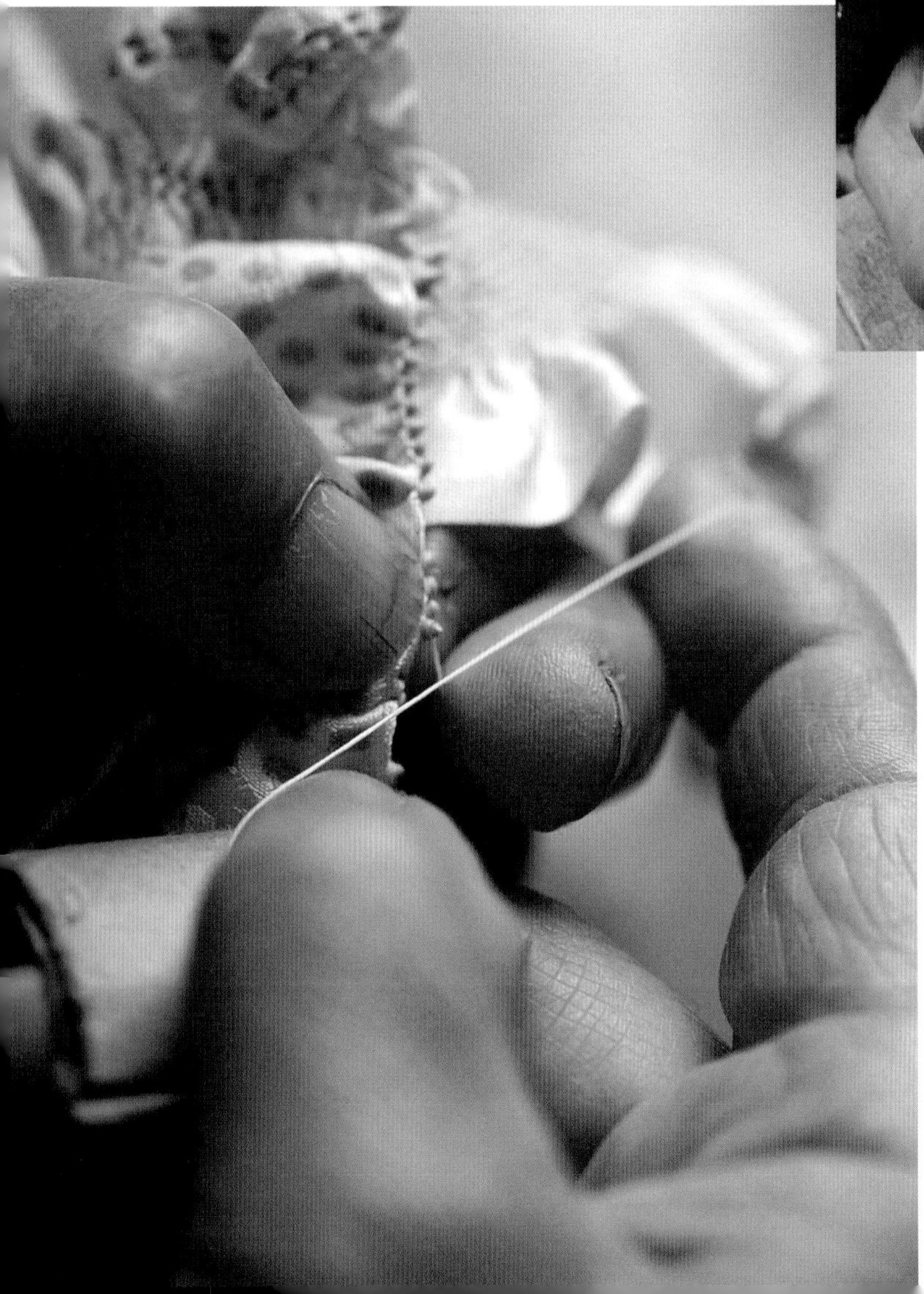

きものにも帯にも用いられ、柔らかな模様付けが魅力となっています。

◉豪華な疋田《ひった》絞りや鹿の子絞りは、付下《つけさ》げや色無地《いろむじ》に。

◉ポイントに絞りを用いたものは、小紋や紬に。

帽子絞りで楽しげな模様を表現した、絞り染めの名古屋帯。

紗綾形《さやがた》の地紋に疋田絞りと刺繡で模様を表した名古屋帯。

刺繍

ししゅう――多彩な絹の色糸で繍《ぬ》い取った伝統の技

刺繍は金糸銀糸をはじめ、多彩な絹糸で、一針一針繍い取って空間を埋め、優美な模様を表す技法です。仏教の伝来とともに中国から伝わりました。現存するもっとも古い刺繍としては、聖徳太子の死後、夫人が冥福《めいふく》を祈って作らせた「天寿国繍帳《てんじゅこくしゅうちょう》」があります。

当時の刺繍には、駒繍《こまぬ》い、平《ひら》繍《ぬ》い、返し繍い、鎖繍《くさりぬ》い、相良《さがら》繍《ぬ》いなどが使われていますが、その技術は今もほとんど変わっていません。ただし、モチーフは中国風から抜け出し、四季の草花などの優しげな和風の題材に変化してきました。刺繍の爛熟期は安土桃山時代で、繍箔《ぬいはく》（金銀の摺箔《すりはく》と刺繍で装飾した小《こ》袖《そで》）などが作られました。

●全面にほどこされた華やかな刺繍の袋帯は、留袖《とめそで》や振袖《ふりそで》に。
●友禅《ゆうぜん》を併用した名古屋帯は、小《こ》紋《もん》や紬《つむぎ》に。

下・下絵に合わせて使用する糸を選び、一針一針丁寧に繍い進める。右上・日本刺繍に用いられる絹糸。同じ色でも微妙に色彩が異なる。右下・刺繍だけで模様を構成するほか、友禅や絞りなどと組み合わせて用いることも多い。染めの上に繍いを重ねることで、模様に立体感が生まれいっそう華やかになる。

若松菱《わかまつびし》に藤、葵《あおい》で構成した小袖の模様の雅《みやび》な袋帯。

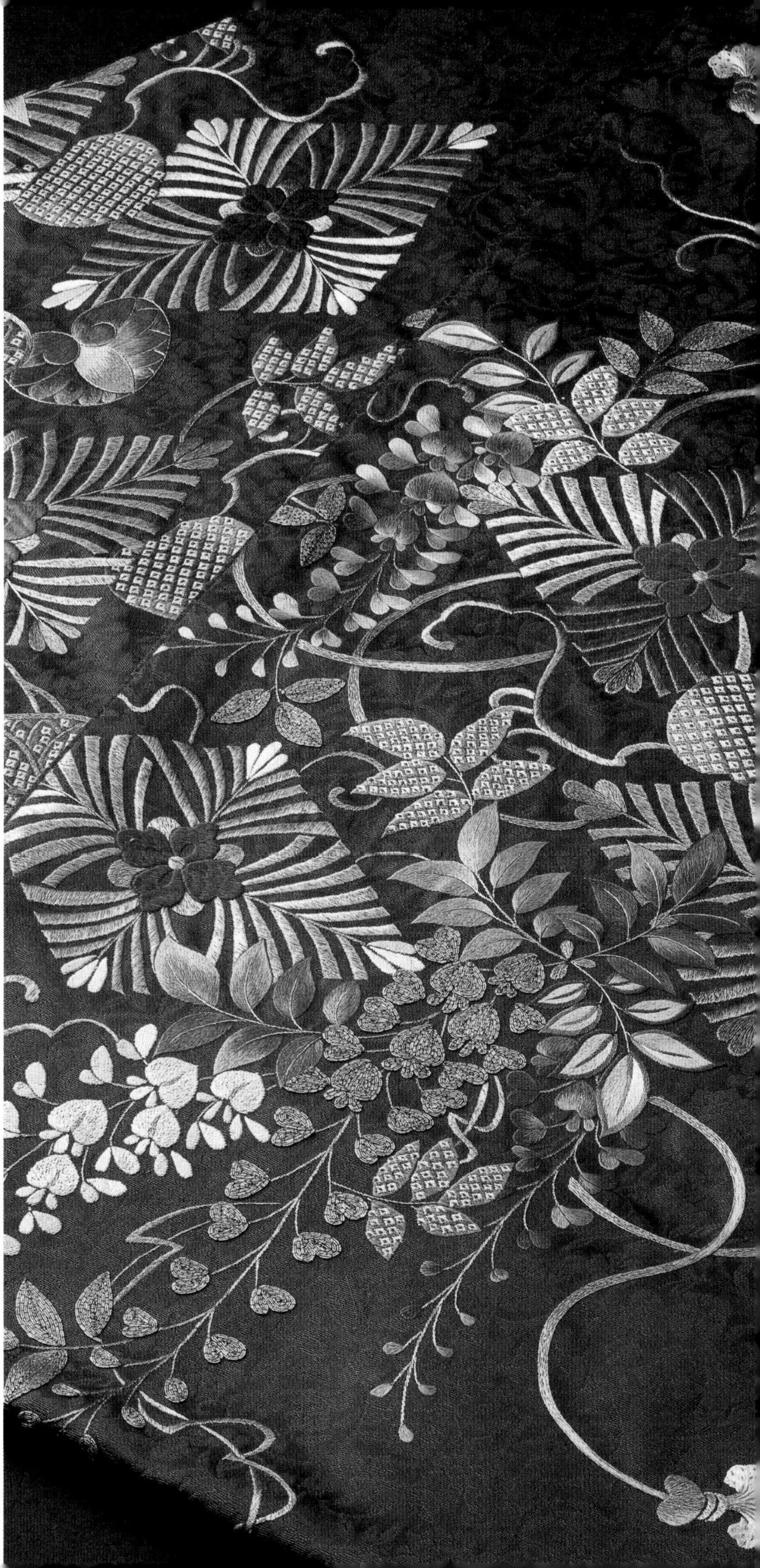

流水に桜と楓を刺繍で表現した桜楓《おうふう》文様の袋帯。

有職《ゆうそく》文様を織り出した地に、刺繍で魚を重ねた袋帯。

絞りと刺繍で模様を表したアンティークの丸帯。相良繍い、返し縫いなどが使われている。

第2章

帯の文様と格

帯を選ぶとき、最後に決め手となるのは、やはり色柄です。
この「柄」こそが、「文様」で、「柄」や「模様」という言葉を
少し専門的に表現したものと考えるとわかりやすいでしょう。
その文様は、帯の格（グレード）にも大きく関わっています。

文様の基礎知識

帯にはさまざまな文様が表現されています。感覚的に気に入った帯を選ぶのも楽しいものですが、文様の成り立ちや意味を知っていると、選ぶ楽しみや装う楽しみがいっそう増すことでしょう。さらに、きものや帯の格（グレード）は、技法だけでなく文様によっても左右されます。装いをコーディネートするとき、きものに合わせた帯の格も大切なポイントになってきます。そのためにも、文様の基本を知っておくと安心です。

　身のまわりの植物、動物、自然、器物《きぶつ》など、あらゆるものが帯の柄に用いられています。写実的に表現されることもあれば、抽象化されることもあります。直線や幾何文様を一定の法則に沿って配列した割付《わりつけ》文様などもあります。

繋《つな》ぎ

幾何文様を上下左右に繋いだ文様。写真は七宝《しっぽう》繋ぎ（輪違《わちが》い）。ほかに亀甲《きっこう》繋ぎ、分銅《ふんどう》繋ぎなどがある。

尽くし

同じ種類の文様をたくさん集めた表現方法で、華やかな印象。写真は宝尽くし、貝尽くしなど。ほかに楽器尽くしなど。

取り

ある形で面に切り取った表現。写真は雲《くも》取《ど》りで、雲の中にさらに文様が配される。ほかに霞《かすみ》取り、檜垣《ひがき》取り、道長《みちなが》取りなど。

一定の法則に従ってアレンジされた文様は、「〇〇取り」や「〇〇散らし」というようによびます。代表的なものを下に示しました。

また、文様の種類は豊富ですが、帯には1種類だけの文様を使うことは少なく、数種を組み合わせるのが一般的です。それらは「竹に雀《すずめ》」「流水に紅葉《もみじ》」「波に千《ち》鳥《どり》」などという表現をします。1本の帯に3種類や4種類の文様があっても、中心になる文様を1つ、あるいは2つ並べてよぶ場合が多いようです。

捻《ねじ》

中心から捻ったように花びらが一方向に向いた文様。写真は捻梅《ねじうめ》。ほかに捻菊、捻花、捻麻の葉など。

破《やぶ》れ

連続文様のところどころで形をぼかし、破れたように見せる表現。写真は破れ七宝。ほかに破れ亀甲、破れ麻の葉、破れ立涌《たてわく》など。

散らし

布全体に文様を散らしたもの。写真は松葉散らしに、さらに紅葉や桜が散っている。ほかに桜散らし、紅葉《もみじ》散らしなど。

雪持ち

植物の花や枝に雪が積もった情景を表現。写真は雪持ち芝《しば》草《くさ》。ほかに雪持ち笹、雪持ち柳、雪持ち椿、雪持ち梅など。

吉祥文様

きっしょうもんよう——幸せを願う心が託されたおめでたい文様

古来、人は幸福を願う気持ちを文様に託して表現してきました。それが吉祥文様で、吉祥とは「よい兆《きざ》し」という意味です。現在、和装に用いられている吉祥文様には、中国で古くから吉祥文様とされていた龍《りゅう》や鳳《ほう》凰《おう》、雲などや、中国から伝わり日本で独自に吉祥とされた松竹梅《しょうちくばい》、純日本産の王《おう》朝《ちょう》文様などがあります。

和装品に用いられる伝統的な文様は、どれも何らかの意味で吉祥の気配を秘めているともいわれます。代表的なものをあげてみましょう。

鶴亀、菊、熨斗《のし》、兎《うさぎ》……長寿
葡萄《ぶどう》、瓜《うり》、唐子《からこ》……子孫繁栄
桐、麻、竹……成長祈願
七宝、宝船、扇……栄達
琵琶《びわ》、藤、鯉……昇進
鴛鴦《えんおう》、貝……夫婦円満
雪輪、雀《すずめ》……豊作
薬玉《くすだま》、瓢箪《ひょうたん》……健康

黒地に宝物をぎっしり織り出し、その隙間に松と竹をあしらってアクセントを添えている。フォーマル用の帯に用いられる。

宝尽くし

たからづくし

いろいろな宝物を並べた縁起のよい文様。中国の吉祥思想のひとつ「八宝《はっぽう》」や「雑《ざつ》八宝」に由来し、それが日本に伝わり日本風にアレンジされて、宝尽くし文様となりました。

宝物のモチーフの代表的なものに、打ち出の小槌《こづち》、丁字《ちょうじ》、七宝《しっぽう》輪《わ》違《ちが》い、宝鑰《ほうやく》、隠《かく》れ蓑《みの》、隠れ笠、分銅《ふんどう》、金嚢《きんのう》、巾着《きんちゃく》、宝巻《ほうかん》・巻軸《かんじく》、方勝《ほうしょう》、宝珠《ほうじゅ》、筒《つつ》守《まもり》などがあります。これらをベースに、印象的なものを散らしたり、宝尽くしに松竹梅を組み合わせたり、さまざまな工夫がされています。

扇文

おうぎもん

扇面《せんめん》文、扇子《せんす》文ともよばれます。扇は広げると末広がりになることから、またの名を「末広《すえひろ》」といいます。開いたり閉じたり、半開きにしたりと、多彩な形で表現されています。

扇文様の多くは、扇の中に季節の草花や器物《きぶつ》、動物、幾何文様などが描かれます。扇文様の仲間には、平安時代の貴族が使っていた檜扇《ひおうぎ》文様、扇の骨に張る紙を文様化した地紙《じがみ》文様などがあります。

鴛鴦文

えんおうもん

仲のよい夫婦を「おしどり夫婦」というように、鴛鴦は中国では夫婦の変わらぬ愛を象徴する鳥とされてきました。

鴛鴦は水辺の風景とともに番《つがい》で表現され、雄《おす》がくちばしを開け、雌《めす》はくちばしを閉じている阿吽《あうん》の姿が一般的でした。時代とともにアレンジされ、現在は雄雌ともにくちばしを閉じているもの、1羽だけ、数羽のグループなど、自由な発想で描かれています。

縮緬《ちりめん》地に1羽の鴛鴦を印象的に描き、胡蝶蘭《こちょうらん》をあしらった染め名古屋帯。小紋《こもん》などに合わせて春の装いに。

金糸銀糸で扇文様を織り出した格の高い袋帯を黒留袖《とめそで》に。扇の中に季節の草花が織り込まれているため、四季を通じて締められる。

白地に扇を染めた紅型《びんがた》の帯。数種類の扇を全体に配したものは、扇散らしともいう。

松竹梅文

しょうちくばいもん

中国では松、竹、梅の3種類の植物を「歳寒三友《さいかんさんゆう》」として尊びました。松は厳寒の中でも緑を絶やさず、竹は寒中でもすくすくと伸び、梅は早春に花を咲かせることから、『論語』の「歳寒の松柏《しょうはく》」にならったものといわれています。

日本でも松竹梅は古くからめでたい文様とされ、きものや帯では、おもに松と竹は葉が、梅は花がモチーフとして使われ、ひと目でそれぞれの特徴がわかります。

塩瀬《しおぜ》地を黒く染め、金糸銀糸で松竹梅をシンプルに刺繡した名古屋帯。控えめな付下《つけさ》げや色無地《いろむじ》に合わせて、新春の集まりに。

笠松文

かさまつもん

古代中国では、風雪に耐えながら一年中緑色を保つ松は、長寿の象徴とされました。日本でもめでたい木として、正月には門松《かどまつ》を立てて年神様《としがみさま》を迎える習わしがあります。蓬《ほう》莱山《らいさん》や山水画《さんすいが》の一部として描かれる中国の松文様から、和風の松が文様になったのは平安時代からで、若松《わかまつ》、老松《おいまつ》、五葉松《ごようまつ》など、多種多様な文様が生まれています。

雪輪文

ゆきわもん

古来、大雪の翌春は雪解《ゆきど》け水が豊富で、稲作が順調で豊作になると信じられていました。また、平安時代には白い雪は清らかでめでたい冬の風物でもありました。こうした雪が文様に登場するのは室町時代以降で、現在は冬だけでなく夏にも用いられます。

雪輪文は雪の結晶を6弁の丸い花のように表し、大きな6つのくぼみがあります。この中に草花などの文様を入れたものを雪輪取りとよびます。

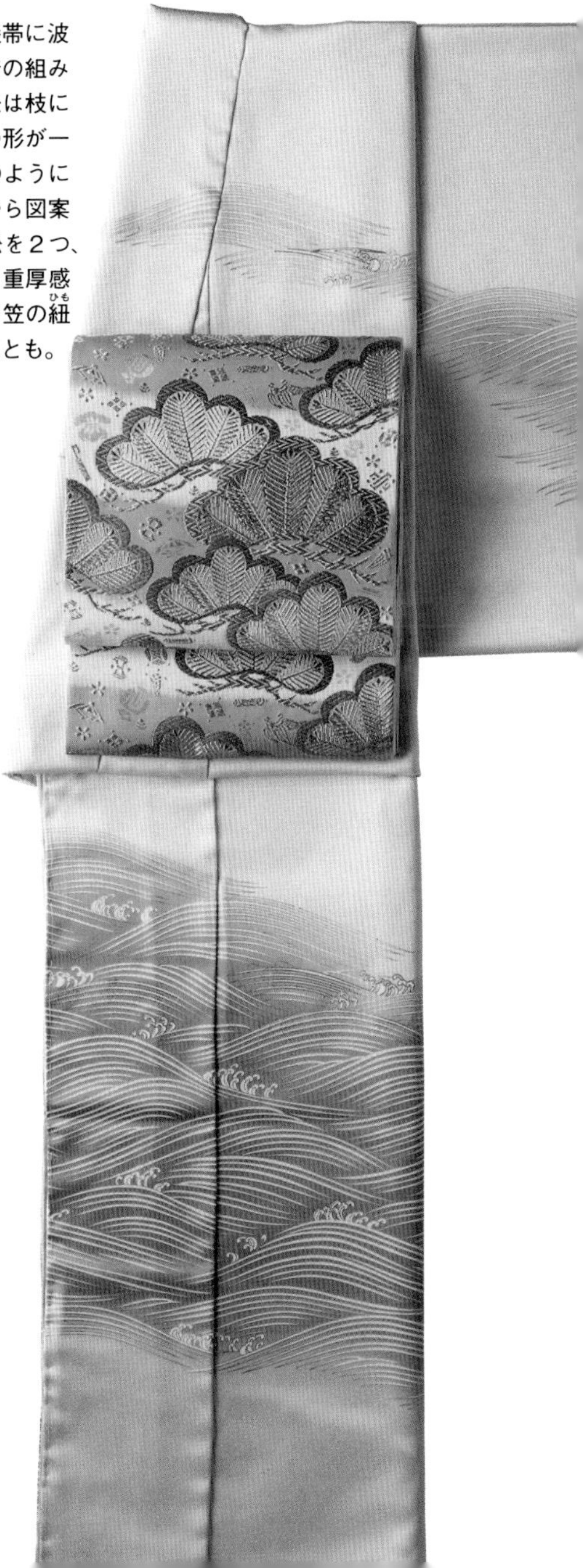

笠松文様の袋帯に波文様の訪問着《ほうもんぎ》の組み合わせ。笠松は枝についた松葉《まつば》の形が一見すると笠のように見えることから図案化された。松を２つ、３つと重ねて重厚感を出し、枝を笠の紐《ひも》に見立てることも。

雪輪取りの中に疋田《ひった》と桃山小袖《こそで》の文様をちりばめた上品な帯。付下げや色無地に。

飛んだり跳ねたり、うずくまったりと兎のさまざまな姿を表現した織り名古屋帯。小紋《こもん》や紬《つむぎ》に。

兎文

うさぎもん

兎は月で不老長寿《ふろうちょうじゅ》の薬を作っているという伝説から、長寿を願う吉祥文様のひとつとなっています。日本でも古くは飛鳥時代の「天寿《てんじゅ》国繍帳《こくしゅうちょう》」に描かれました。その後、安土桃山時代には豪商の角倉了以《すみのくらりょうい》が愛用したとされる角倉金襴《きんらん》や長い耳が印象的な波兎などが流行。ほかに、月とセットになった兎文、木賊《とくさ》と組み合わせた木賊兎文などもあります。

正倉院文様

しょうそういんもんよう――正倉院に収蔵されている染織品の文様

正倉院は奈良時代に建立された東大寺の大蔵《おおくら》（朝廷の倉庫）です。この中には、聖武《しょうむ》天皇ゆかりの品々が数多く残されています。東大寺の法要《ほうよう》や大仏開眼供養会《だいぶつかいげんくようえ》などの儀式用品も納められました。それらの多くは遠く、西アジア（ササン朝ペルシャ）や中国（隋《ずい》・唐《とう》）からもたらされ、文様にも各地の特色が見られます。

こうした正倉院の宝物は染織品だけでも十数万点にのぼり、一般的に「正倉院裂《ぎれ》」とよばれます。そのため、狭義にはこの裂の文様を正倉院文様といいますが、広義には正倉院に納められている楽器や調度品などの宝物を文様化したものや、法隆寺裂《ほうりゅうじぎれ》なども含めて正倉院文様とよびます。

左・大きな華文を多く織り出した華やかな袋帯。上・菱《ひし》の中に華文を控えめに織り出した袋帯。どちらも格の高い礼装用。

華文

かもん

唐花《からはな》文様の一種で、花文とも書き、正倉院裂の綾《あや》や錦《にしき》にもよく見られます。似たような文様に宝相華文《ほうそうげ》があり、日本では飛鳥から奈良時代にかけて発達した空想の花文様です。花弁を円形にまとめ、葉や蕾《つぼみ》がついています。それに対して華文は何となく花のような形をした円形に構成されているのが特徴です。

狩猟文

しゅりょうもん

騎乗《きじょう》の人物が獅子《しし》や鹿《しか》、羊、猪《いのしし》、兎《うさぎ》などの動物を弓で射る様子を表現した文様の総称。ササン朝ペルシャ(イランの王朝)時代の獅子狩《ししかり》文様がアレンジされて日本に伝わりました。王者の権威を象徴する獅子狩文は均整のとれた意匠が美しく、法隆寺に残る四騎《しき》獅子狩文錦《きん》が有名。連珠円《れんじゅえん》文の中に、獅子を射止めようとする馬上の人物が描かれています。

法隆寺の夢殿《ゆめどの》に伝わる四騎獅子狩文錦をモチーフにした袋帯。格調の高い帯として、留袖《とめそで》や訪問着《ほうもんぎ》に。

金糸銀糸を用いて連珠円文を織り出した袋帯。円文の中には白虎《びゃっこ》と孔《く》雀《じゃく》が配されている。

連珠円文

れんじゅえんもん

玉を連ねた文様を連珠文、円文の縁に連珠文をめぐらせたものを連珠円文、または単に円文ともいいます。古代ペルシャで作り出された文様で、日本には奈良時代に伝わりました。円文の中には獅子や騎馬人物、鳥獣などが対称的に描かれています。

葡萄唐草文

ぶどうからくさもん

葡萄の蔓《つる》を唐草文の主軸として、実と葉を組み合わせた文様。唐草は蔓草がからみ合って曲線を描いていく文様で、ギリシャやローマの連続文様パルメット（棕櫚《しゅろ》の葉をモチーフにした唐草文様）から発展したとの説があります。

多くの種子を持つ葡萄は、古代中国では柘榴《ざくろ》とともにたくさんの果実を実らせる豊穣《ほうじょう》の女神とされました。日本には飛鳥時代に伝わりました。

蜀江文

しょっこうもん

八角形や四角形で隙間なく構成され、斜め方向に繋《つな》ぎ合わせたものが一般的。蜀江という名前は、3世紀頃に中国で栄えた蜀《しょく》（現在の四川省成都《せいと》付近）の首都を流れる川のこと。古くから赤染めにすぐれ、そこで織られていた錦《にしき》の文様を蜀江文といいました。中国では宋《そう》の時代に文様が形式化され、現代のような連続文様になったといわれます。

八角形と四角形の中には、さまざまな文様が配される。写真の袋帯は蜀江に松竹梅を組み合わせた格の高い吉祥《きっしょう》文様。

中央に4弁唐花を置き、その周囲に蔓をあしらい、蔓の先端に果実が配されている。この帯は正倉院に伝わる錦の写し。

太子間道《たいしかんとう》に2頭の獅子を向かい合わせて織り出した錦織《にしきおり》の袋帯。正倉院の錦をモチーフにしたもの。

獅子文

ししもん

獅子はライオンのことで、古代ペルシャでは太陽や王の象徴とされました。アフリカや西アジアの獅子文が中国を経て日本に伝わりましたが、ライオンを知らない日本人には中国風の想像上の動物として受け入れられ、唐獅子《からじし》文として親しまれました。百獣の王である獅子と百花の王である牡丹《ぼたん》を組み合わせた「唐獅子牡丹」などが有名です。

鳳凰文

ほうおうもん

正倉院の宝物にも多く見られ、法隆寺の玉虫厨子《たまむしのずし》には仙人をのせて空を飛ぶ鳳凰が描かれています。古代中国では、鳳凰は龍《りゅう》、亀《かめ》、麒麟《きりん》とともに、四瑞《しずい》（めでたいときに現れる天の使い）のひとつで、その姿は鶏のような鶏冠《とさか》に、五色の羽、長い尾羽が特徴で、鶏と孔雀《くじゃく》を組み合わせたような印象。鳳は雄《おす》、凰は雌《めす》です。時代とともに鳳凰の姿は変化していき、意匠化されてきました。

鳳凰は草花と組み合わせることが多い。写真の袋帯は唐草の中に鳳凰が伸び伸びと配されている。

有職文様

ゆうそくもんよう ―― 公家《くげ》が用いた装束や調度品に描かれた文様

有職は、平安時代には「有識」と書きました。「有識」とは、朝廷の儀式や年中行事、公事《くじ》の礼法に関する知識に通じていて、教養豊かなことをさしました。「有職」の文字が使われるようになったのは鎌倉時代以降とされます。現在の有職文様は、平安時代からの公家階級の衣装、調度品、牛車《ぎっしゃ》などの装飾に用いられた伝統的な文様の総称です。

衣服の文様は天皇や公家が朝廷で身につける正装の織り文様で、おもに地文様です。重ね着（襲《かさね》）をしていた平安時代は、多彩な文様は好まれず、単色を重ねて色づかいに気を配るようになりました。そのため、遠目には無地、近くでは地《じ》紋《もん》が浮かび上がる綾《あや》織りが主流になりました。

亀甲文

きっこうもん

正六角形を上下左右に繋《つな》いだ形が、亀の甲羅《こうら》に似ていることからの呼称。西アジアから中国や朝鮮を経て、日本に伝わりました。なかでも六角形の中に花菱《はなびし》や菊、鶴などがあしらわれているものに限り、有職文様として扱うことが多いようです。亀甲と花を組み合わせたものは亀甲花文です。

七宝文

しっぽうもん

同じ大きさの円を、円周の4分の1ずつ重ねていく文様で、有職文様では輪違《わちが》いとよびます。七宝の円形は円満を表すことから、吉祥《きっしょう》文様として扱われることになり、宝尽くしのひとつにも数えられています。円の中心に花を入れたり、重なり合った円周の部分に文様を配したり、さまざまな工夫が見られます。

鱗文

うろこもん

正三角形または二等辺三角形の連続文様で、三角形と三角形を四方に重ねると、三角形の間に新たな三角形ができます。この連続するようすを魚や蛇《へび》の鱗に見立てて、この名がつきました。能装束や名物《めいぶつ》裂《ぎれ》にも用いられ、単純で表現しやすいことから、古代より世界各地に見られます。

立涌文

たてわくもん

波状の曲線を向かい合わせに並べた、ふくらみとくぼみを繰り返す文様で、「たちわき」「たちわく」ともいいます。かつて水蒸気のことを雲気といいましたが、立涌の形は水蒸気が立ちのぼるようすを文様化したともいわれます。奈良時代から文様として用いられ、平安時代から有職文様に。ふくらみの中に雲を入れた雲立涌文は親王や関白など身分の高い人の装束に使われました。

鱗文の織り帯。古くは魔物や病を示すものであった三角の文様は、現代は魔除《よ》けや厄《やく》除けの意味で使われる。

七宝文の地紋《じもん》に立涌を織り出した袋帯。

右ページ
右・亀甲の中に華文を織り出した現代感覚の袋帯。
左・円の中心や円周の部分に効果的に文様を配した袋帯。

上・立涌のふくらみの中に若松を配した松立涌文様。
右・菊花で立涌をかたどったもの、立涌の中に菊花を入れたものを菊立涌文様とよぶ。

桐竹鳳凰文

きりたけほうおうもん

鳳凰は桐の木に棲《す》み、竹の実を食べるとされる中国の伝説から生まれた文様です。かつて天皇専用とされていた文様は、洲浜《すはま》に竹、その上に桐の花、左右に鳳凰をあしらったものでした。現在は自由にアレンジされていますが、格の高い文様に変わりはなく、礼装用の帯に用いられます。

鳥襷文

とりだすきもん

七宝繋《しっぽうつな》ぎのアレンジ文様のひとつで、代表的な有職《ゆうそく》文様です。よく見ると4分の1の円周の中に、尾長鳥《おながどり》（尾の長い鳥の総称）が2羽ずつ斜めに配されているのがわかります。その形が襷をかけたように見えることから名づけられました。格の高い礼装用の帯に用いられます。

円の中に花菱を入れた鳥襷花菱文の袋帯。小葵《こあおい》を入れたものは鳥襷小葵文という。

菱形を４つ組み合わせた四つ菱文様を金糸で織り出した礼装用の袋帯。

菱文

ひしもん

4本の斜線によって囲まれた菱形は、連続すると斜め格子や襷文様ともよばれます。水草のひとつ、菱の実の形を文様化したものとの説もあり、古くから衣服の文様に使われてきました。多くの変形文様が生まれ、代表的なものに菱文、菱形の中に4弁花を入れた花菱《はなびし》文、菱形の中に松《まつ》を配した松菱《びし》文などがあります。

桐と竹の間に鳳凰を織り出した桐竹鳳凰文の袋帯。菊と桐を配したものは、菊桐鳳凰文とよぶ。

向い鶴文

むかいづるもん

向い鶴菱《つるびし》文、鶴菱文ともいいます。２羽の鶴を向かい合わせて、上下左右に組み合わせ、外側が菱形になるように構成します。１羽の鶴を円形にまとめたものもありますが、いずれも吉祥《きっしょう》文様の鶴と有職文様の菱を組み合わせた格の高い文様として知られています。

銀地に白と金だけで、向い鶴、桐、菊を刺繍で表現した豪華な袋帯。

名物裂文様

めいぶつぎれもんよう——茶道具に用いられた由緒ある裂の文様

室町時代から安土桃山時代、江戸時代にわたり、武士や裕福な町人を夢中にさせたのが茶道です。有名な茶人が名品と認めた茶道具を名物とよび、茶入《ちゃいれ》の仕覆《しふく》や掛《かけ》軸《じく》の表具《ひょうぐ》、袱紗《ふくさ》などに用いられた由緒ある裂を名物裂とよびます。多くは、茶道が流行した時代に貿易品として中国経由で日本にもたらされたもので、インド更《さら》紗《さ》や東南アジア諸国の染織品の影響を受けています。

織りの技法によって、金糸で文様を織り出した金襴《きんらん》、生糸《きいと》や練糸《ねりいと》を使った緞子《どんす》、縞《しま》模様の間道《かんとう》、2色以上の色糸を使った錦《にしき》、裏と表が同文様になった風通《ふうつう》、山形斜文の地組織で織り出した紹巴《しょうは》などがあります。独特の名前は、道具の名前、裂を愛用していた人の名前、裂の産地など、さまざまです。

間道と笹蔓を組み合わせた名物裂文様の帯地。茶席のほか、小紋《こもん》や紬《つむぎ》のお洒落着にも。

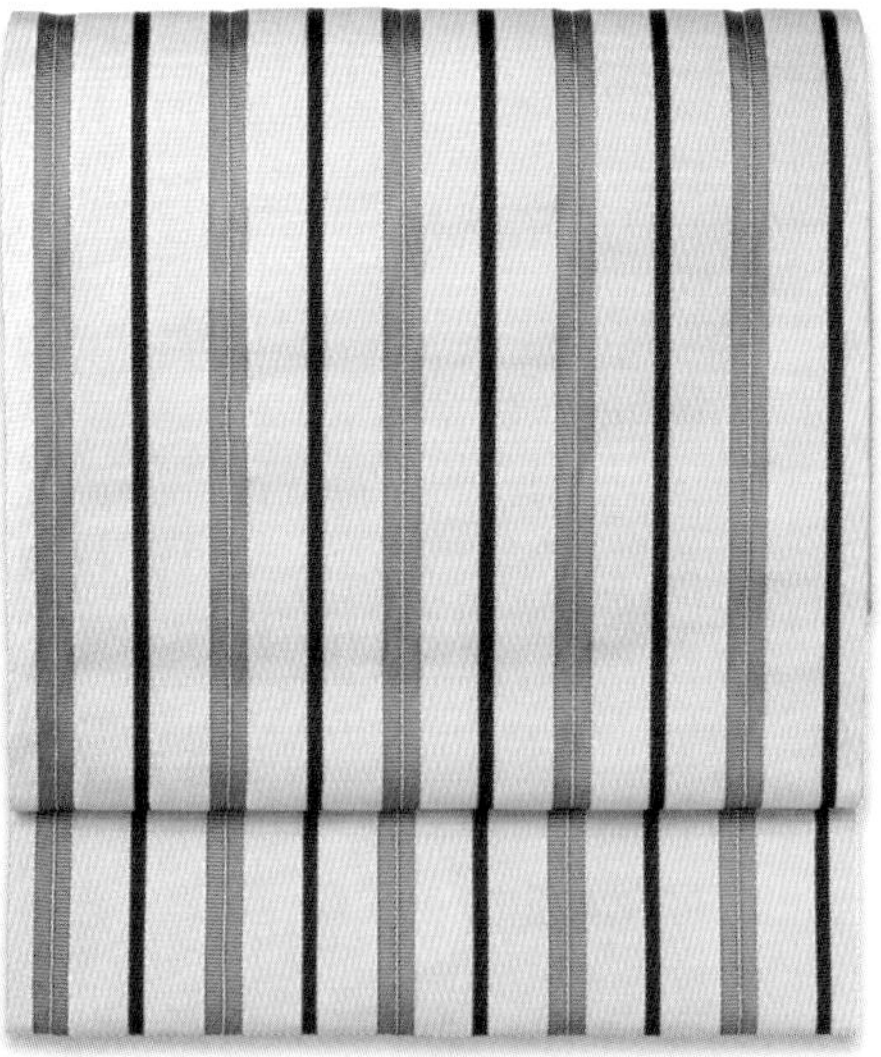

すっきりとした縞の日野間道柄の袋帯。

日野間道

ひのかんとう

大名物《おおめいぶつ》「日野肩衝茶入《かたつきちゃいれ》」の仕覆に用いられていた名物裂のひとつ。権日野大納言輝資《ごんのひのだいなごんてるすけ》が所持していたことからの呼称ともいわれます。縞の太さや色、素材の違いによって、数種類ありますが、大別すると紗《しゃ》によろけた横縞のもの、麻によろけの少ない縦縞のものがあります。赤・薄紅《うすくれない》色の太縞と白・黄・黒の細い縞の組み合わせに特徴があります。

笹蔓間道

ささづるかんとう

縞文様の上に笹蔓文様を織り出したもの。笹蔓は中国の明《みん》から伝えられた名物裂、笹蔓緞子に用いられています。松《まつ》毬《かさ》と笹の葉、小花を組み合わせた文様で、6弁の小花、細い蔓が規則正しく配されているのが特徴。この笹蔓だけを用いた帯もあります。

吉野間道

よしのかんとう

京都の豪商茶人、灰屋紹益《はいやじょうえき》が島原の名妓吉野太夫《たゆう》に贈ったことから、この名がついたとされています。臙脂《えんじ》や白、茶、深緑などの細縞で囲まれた太い縦縞と、真田紐《さなだひも》状に織り出されている浮き織りの横縞を組み合わせたもので、立体的な縞文様が特徴です。そのほか、臙脂、茶、白、深緑などの格子文様のものもあります。

太子間道

たいしかんとう

名前には縞をイメージする間道がついていますが、これは法隆寺に残る広東錦《かんとうにしき》のことで、経糸《たていと》をほぼ5色（白、臙脂、茶、浅黄《あさぎ》、深緑など）に染め分けた平織りの経絣《たてがすり》です。名称は聖徳太子が用いたことに由来する説（太子の間道）のほか、堺の茶人太子屋宗有《たいしやそうゆう》が愛好したことからの呼称ともいわれます。

法隆寺に伝わる経絣をモチーフにした袋帯。

典型的な吉野間道柄。真田紐のような浮き織りは、文様部分の糸が地より浮いて見える。

弥兵衛間道柄をアレンジして、シックな茶系で織り上げた袋帯。

弥兵衛間道

やへえかんとう

鎌倉時代に中国の宋《そう》に渡って織り技法を学び、後に博多で間道を織り始めたとされる小松弥兵衛に因《ちな》んだ縞文様です。緋色《ひいろ》の太縞に浅黄、白、紺、小豆《あずき》色などを配し、白い横縞を通して格子に織り出したものがよく知られています。

花兎文

はなうさぎもん

花と兎を組み合わせたもの。京都の豪商、角倉了《すみのくらりょう》以《い》が愛用したとされる角倉金襴《きんらん》には、振り向いて前足を少し上げた兎と花樹が、1段ごとに向きを変えて描かれています。

荒磯文

ありそもん

中国では魚を富と幸福のシンボルとし、たくさん卵を産むことから子孫繁栄の吉祥《きっしょう》文様に。名物裂《めいぶつぎれ》に見られる魚の文様は、波間に躍る鯉の姿を表したもので、「あらいそ」とも読みます。

左・大きな笹蔓《ささづる》の地紋に、荒磯文を象徴的に配した袋帯。
下中・紫地に金糸銀糸で荒磯文を織り出した錦。

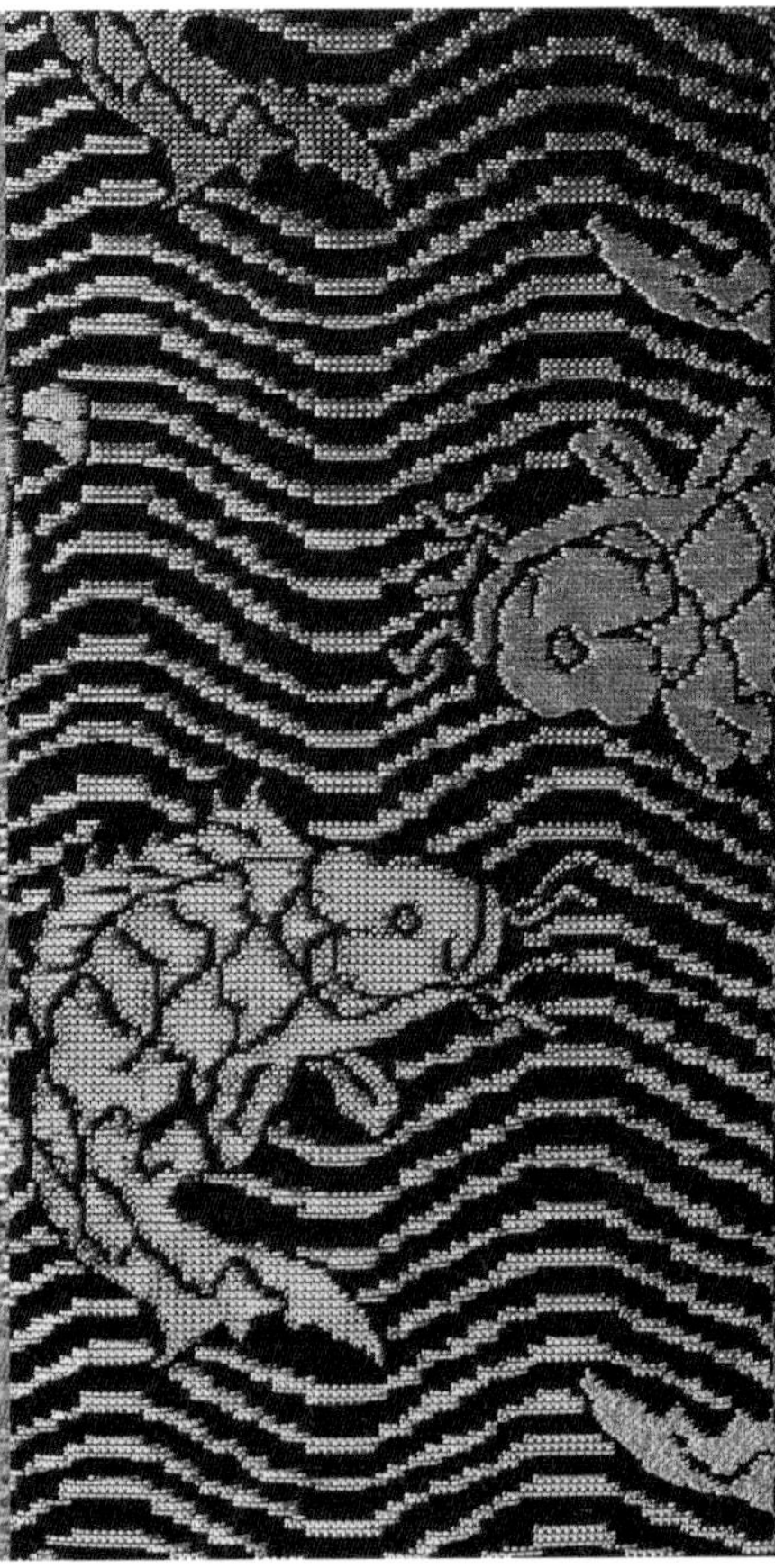

幾何文様の中に鹿を配した有栖川鹿文を金糸銀糸で表現した帯地。礼装用に用いられる。

名物裂の角倉金襴をベースに色調を工夫したもの。

有栖川文

ありすがわもん

有栖川宮が所蔵していたためにこの名がつき、名物裂では有栖川鹿文《しかもん》とよびます。安土桃山時代に中国から伝わった文様で、鹿を変わり襷《だすき》や菱形《ひしがた》、八角形などで囲んでいます。

名物裂の花兎文と鶏《けい》頭《とう》文（鶏頭の花をモチーフにしたもの）をあしらった帯。

唐花雙鳥長斑錦

からはなそうちょうちょうはんきん

長斑とは、2色以上の色糸を縦に配して縞《しま》を表す文様のことです。正倉院《しょうそういん》の宝物の天皇が用いた肘掛《ひじが》けの裂《きれ》をモチーフに、構図をモダンにアレンジしたものです。

角通《かくどお》しの江戸小紋《えどこもん》に唐花雙鳥長斑錦柄の名古屋帯の組み合わせは、茶席に最適。

植物文様

しょくぶつもんよう――日本ならではの四季折々の花や草木の文様

四季のはっきりしている日本では、古くから春夏秋冬の花や草木がきものや帯の文様に取り入れられてきました。季節の植物を流水や霞《かすみ》、雲などの自然文様と組み合わせることによって、いっそう風情のある文様になります。四季の花の文様は季節が限定されますが、現代の装いでは多くが通年使うことができます。

若松に秋草文

わかまつにあきくさもん

若松に、菊、萩、桔梗《ききょう》などの秋草文様をあしらったもの。若松は松文様のひとつですが、芽生えて間もない松の姿を表したもので、枝先に新芽がついています。秋草文は、秋の七草や秋の野に咲く草花を配した文様です。おめでたい松と秋草の組み合わせは、季節を問わず使えます。

若松に秋草文様の唐織《からおり》の帯は、江戸中期の能装束写しで吉祥《きっしょう》文様。

葵文

あおいもん

「あおい」とは太陽を仰ぐことを意味し、葵の花の向日性《こうじつせい》にちなんで幸先のよさを表す植物とされています。ハート形のような葵の葉は、ほかの植物や幾何文様と組み合わせて帯にもよく使われます。二葉《ふたば》葵は京都上賀茂《かみがも》神社の御神紋、三葉《みつば》葵は徳川家の紋所《もんどころ》です。

桜楓文

おうふうもん

春の桜と秋の楓《かえで》を組み合わせ1つの文様にしたもので、春にも秋にも使えます。古くから絵画のモチーフにもなり、代表作に京都・智積院《ちしゃくいん》にある長谷川等伯《はせがわとうはく》作「楓図」、息子久蔵作「桜図」があります。また、春の藤に秋の菊などを組み合わせたものは春秋文様といいます。

葡萄文

ぶどうもん

意匠的に特徴のある葡萄は、葉、実、蔓《つる》を文様化し、単独で用いられます。どちらかというと写実的に描かれ、染めのモチーフに多く見られます。

右・葵文様を織り出した唐織の袋帯。
中・桜と楓を組み合わせた桜楓文《おうふう》の染め名古屋帯。
左・紬地に金彩《きんさい》で葡萄を表現した名古屋帯。

塩瀬地《しおぜじ》に桜を文様化して染め出した帯は、夏以外の季節に締められる。

桜文

さくらもん

日本を代表する花、桜が観賞されるようになったのは平安時代です。貴族たちは梅に加えて桜を愛でるようになり、文学や美術にも登場。当時の桜は山桜で、文様もそれを意匠化したものです。江戸時代には桜川、桜楓、花筏《はないかだ》などの組み合わせが生まれました。文様化された桜は、写実的に描かれたものを除き、季節を問わず使えます。

雪持ち梅の文様は、雪の白と梅の花の紅《くれない》の取り合わせが美しく、染め帯に使われることが多い。

雪持ち梅

ゆきもちうめ

梅は中国原産の花木ですが、日本にやってきたのは奈良時代初期。以来、『万葉集』にも詠《よ》まれ、すっかり日本の文様となりました。春まだ浅い時季に咲くので、開花してから雪に見舞われることも。そんな風情のある枝梅《えだうめ》の姿を文様化したものです。

椿文《つばきもん》

椿は春の到来を告げる聖なる木として、古くから親しまれてきました。文様では写実的なものから意匠化されたものまで多種多様。染めにも織りにも用いられます。

椿を意匠化して華やかに染めた袋帯。

露芝文《つゆしばもん》

芝草に露が降りた状態を文様化したものです。三日月形に描いた芝草に、丸い露の玉をのせた意匠は、日本人の美意識から生まれたもの。通年締めることができます。

露芝を微妙な色彩で表現した綴織《つづれ》帯。

菊文《きくもん》

長寿を象徴する代表的な植物で、江戸時代からさまざまに意匠化して使われてきました。菊の花や葉を写実的にデザインするほか、菱形《ひしがた》や丸と組み合わせたものも。

亀甲《きっこう》に菊文様を表現した唐織《からおり》の袋帯。

柿文《かきもん》

『古事記』や『日本書紀』にも登場する柿は、秋を象徴する果実のひとつ。帯では、塩瀬《しおぜ》や縮緬《ちりめん》、紬《つむぎ》地などに写実的に描かれ、趣味の染め帯として用いられています。

塩瀬地に柿の枝を染めた名古屋帯。

蒲公英文《たんぽぽもん》

春の野草のひとつ、蒲公英は江戸末期には園芸化され、数種の品種がありました。黄色い花とぎざぎざした葉に特徴があり、帯の文様では春向きの染め帯に使われます。

塩瀬地に蒲公英を手描きした染め帯。

杜若文《かきつばたもん》

燕子花とも書き、3枚の花びらの中央部に白い模様があるのが特徴。衣装のほか工芸品にも多用され、江戸時代の尾形光琳《おがたこうりん》筆の「燕子花図屏風」を題材にした文様も。

*光琳文様をイメージした織り帯。

＊光琳文様は123ページ参照。

器物文様

きぶつもんよう――形の美しい生活用具を染めや織りで表現した文様

扇《おうぎ》、文箱《ふばこ》、色紙《しきし》、御所車《ごしょぐるま》などの、おもに平安時代の生活用具を文様化したものを器物文様といいます。江戸時代になると、町人好みの身近なものも登場し、ますます多彩に。そうした器物は単独で描かれるほか、季節の草花と組み合わせたものも目立ちます。

船文

ふなもん

海に囲まれている日本は、漁などを通して古くから船と関わってきました。それだけに船はなじみのあるもので、文様にも南蛮船《なんばんせん》や帆掛け船《ほかけぶね》（帆船《はんせん》ともいう）、屋形船《やかたぶね》、宝船《たからぶね》などが見られます。いずれも特徴のある形が印象的で、単独のほか波や水草、鳥などとともに表現されます。

＊青海波《せいがいは》文に帆掛け船の帆を印象的に表現した織り帯。

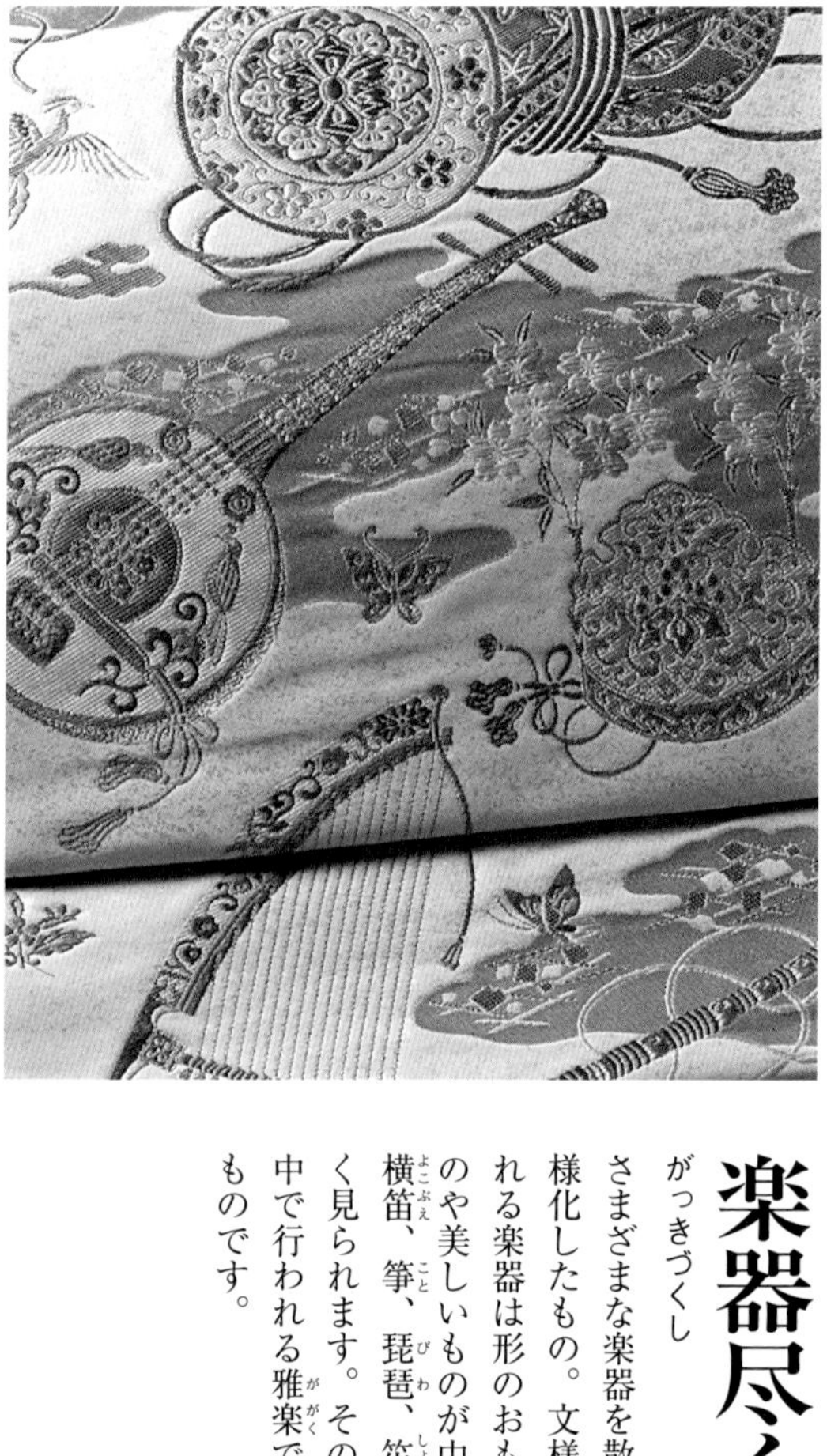

阮咸《げんかん》（琵琶の一種）、鼓、横笛、笙などを織り出したフォーマル用の袋帯。

蛤を題材にした貝合わせ文様の織り帯。蛤の中に草花や幾何文様があしらわれるのが一般的。

楽器尽くし

がっきづくし

さまざまな楽器を散らして文様化したもの。文様に用いられる楽器は形のおもしろいものや美しいものが中心で、鼓《つづみ》、横笛《よこぶえ》、箏《こと》、琵琶《びわ》、笙《しょう》などがよく見られます。その多くは宮中で行われる雅楽《ががく》で使われたものです。

蛤文

はまぐりもん

貝は世界各地で生命や豊穣《ほうじょう》の象徴とされ、日本でも価値あるものとされてきました。文様として用いられるのは、蛤、帆立貝《ほたてがい》、栄螺《さざえ》、法螺貝《ほら》など。なかでも、蛤は形の美しさから、平安時代の貝合わせの遊びにも使われ、きものや帯の文様になっています。単独のほか、貝桶《かいおけ》との組み合わせもあります。

＊青海波文は129ページ参照。

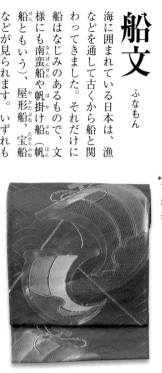

瓢箪文

ひょうたんもん

瓢箪はウリ科の植物のひとつで、夕顔の変種。実の中央がくびれた形のおもしろさから、実だけを象徴的に用いたり、蔓《つる》や葉とともに描かれたりと、さまざまな文様があります。中身をくりぬいて乾燥させた実は、「ひさご」や「ふくべ」ともいいます。

光琳文様

こうりんもんよう

琳派《りんぱ》の作風を持つ文様の総称で、琳派の代表である画家尾形《おがた》光琳《こうりん》に由来して名づけられました。琳派とは、安土桃山時代から江戸時代初期に活躍した芸術家のグループで、本阿弥光悦《ほんあみこうえつ》、俵屋《たわらや》宗達《そうたつ》、尾形光琳、尾形乾山《けんざん》、酒井《さかい》抱一《ほういつ》などがいます。

なかでも、尾形光琳が題材として用いた梅、菊、松、波などは大胆に簡略化され、瀟洒《しょうしゃ》で独特の装飾性に特徴があり、画風をまねた光琳梅、光琳松、光琳波などの文様が江戸時代に人気をよびました。現在も和装の文様に用いられています。

徳利《とっくり》にした瓢箪に美しい模様をあしらった刺《し》繍《しゅう》帯。形のおもしろさを効果的に生かした意匠。

琳派の画家のひとり、尾形乾山筆の重要文化財「花籠図」をモチーフにした織り帯。籠に桔梗《ききょう》、女郎花《おみなえし》、野菊、芒《すすき》を無造作に投げ込んだように表現されている。

花籠文

はなかごもん

竹などで編んだ籠に、季節の草花を盛り込んだものを文様化したものです。中国の故事からおめでたい文様とされていますが、日本らしい優雅な意匠です。江戸時代からさまざまな文様に用いられ、季節を問わず使うことができます。

格天井文

ごうてんじょうもん

天井の組み方の一種で、角材（格縁《ごうぶち》）を格子状に組み、板を張ったものを格天井といいます。格子の中には、四季の草花や鳥などが華やかに描かれ、それを文様化したものです。多くは礼装用の帯に用いられます。

格子の中に向い鶴や菊、幾何文様を配した格の高い礼装用の袋帯。留袖《とめそで》や訪問着《ほうもんぎ》に合わせて。

源氏香文《げんじこうもん》

源氏香は江戸時代から行われてきた組香《くみこう》の遊びの名称で、香の組み合わせを示す符号《ふごう》を文様化したもの。縦5本の線の繋《つな》ぎ方を変化させた独特の意匠です。

七宝《しっぽう》繋ぎに源氏香文を配した夏用の帯。

美しい模様入りの料紙を表した織り帯。

継紙文《つぎがみもん》

継紙は平安時代に流行った料紙《りょうし》装飾の技法のひとつで、破った和紙を手で継いで模様を描き、繊細な料紙を作ります。文様では料紙の中に植物や幾何文様などが。

色紙文《しきしもん》

和歌や俳句、絵などに用いる方形の厚紙、色紙を散らして文様化したもの。色紙の中には季節の草花や風景などが描かれます。多くは数枚を重ねて用いられます。

塩瀬《しおぜ》地に梅と桜の色紙を描いた染め帯。

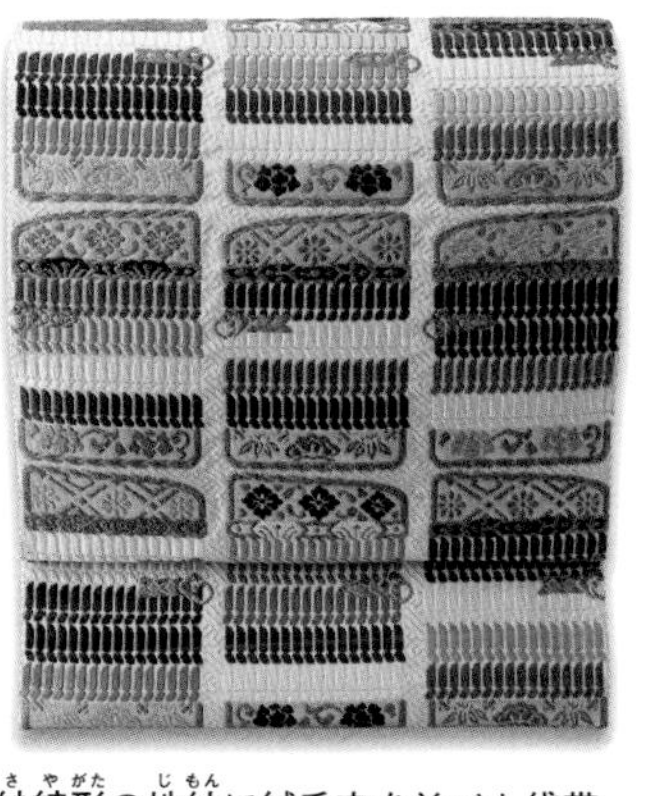

紗綾形《さやがた》の地紋《じもん》に縅毛文を並べた袋帯。

縅毛文《おどしげもん》

縅とは武士が身につける鎧《よろい》を飾るもので、それを文様化したのが縅毛です。縅には鳥の羽に似た緒通《おどお》しした札《さね》が並んでいます。おもに袋帯の文様に見られます。

百人一首《ひゃくにんいっしゅ》

鎌倉時代の歌人、藤原定家《ふじわらのていか》が優れた歌人の和歌を一首ずつ選んだものが百人一首。江戸期に宮中や大名家の女性の間で正月のかるた遊びとなり、文様にも使われています。

百人一首、几帳《きちょう》、短冊《たんざく》を配した織り帯。

華やかな鏡裏文の帯はおもに礼装用。

鏡裏文《きょうりもん》

中国から伝わった鏡は神秘的なものとされていました。正倉院《しょうそういん》には裏を金、銀、螺鈿《らでん》などで飾った華麗な鏡が残され、おもにそれを文様化したもの。裏鏡《うらかがみ》文ともいいます。

自然文様

月、星、雲、霞《かすみ》、波などの自然現象を図案化した文様は、飛鳥・奈良時代から使われています。

雲文　くももん

昔の人は雲に神や霊が宿ると考え、古代中国では空に漂う雲の形によって「飛雲《ひうん》」、「瑞雲《ずいうん》」、「霊芝雲《れいしぐも》」などと名づけました。その影響を受けた日本でも、雲はさまざまな意匠に用いられています。

霊芝雲文を織り出した帯。縁起のいい瑞雲が中国の霊芝という茸《きのこ》に似ていることからの呼称。

月文　つきもん

古くから月と星は信仰の対象となり、権威の象徴でした。日月《じつげつ》とは太陽と月の組み合わせのことで、現在も帯の文様に用いられています。

魯山人《ろさんじん》の日月椀に見られる文様をモチーフにした名古屋帯。

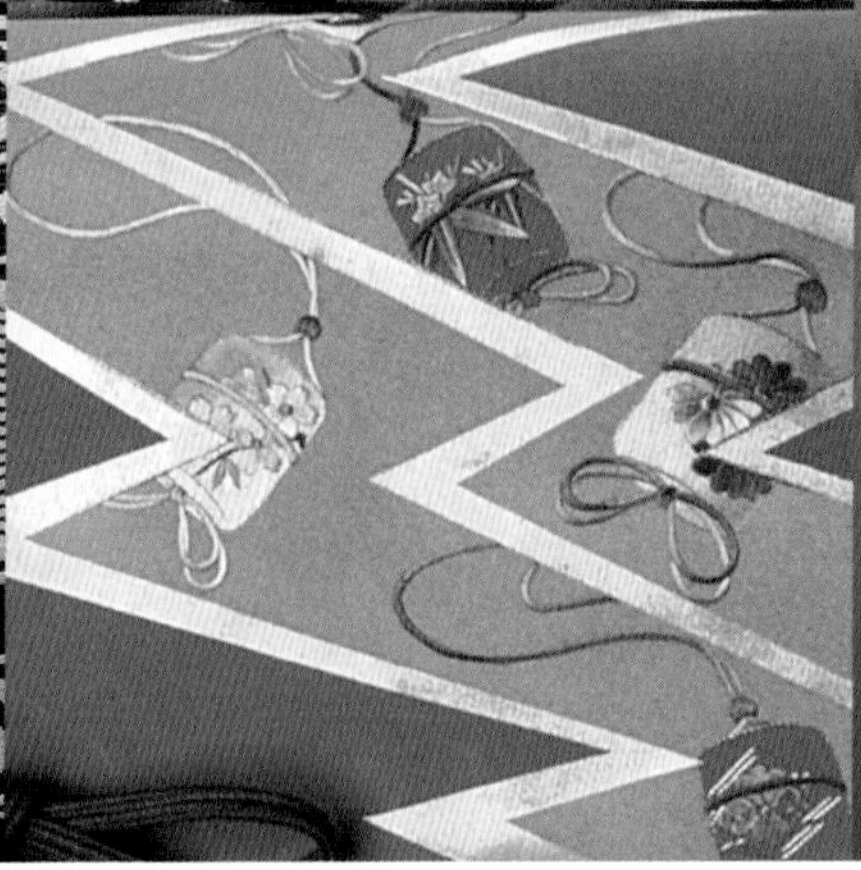

雪花文　せっかもん

雪の結晶の形を花のように文様化したもの。江戸時代後期に雪の結晶が観察されると、『雪華図説《せっかずせつ》』が刊行され、さまざまな雪の結晶文様が作られました。通年使用できます。

金糸銀糸で雪花文を刺繍《ししゅう》した帯。

稲妻文　いなずまもん

雷や稲妻を形にした文様で、雷文《らいもん》ともいい、曲折した直線で表現されたものが主流。安土桃山時代以降の能装束にも見られ、荒々しい役柄を演じる際に身につけたとされます。

稲妻に華やかな印籠《いんろう》を配した帯地。

波文　なみもん

寄せては返す波は、形によって、波頭、大波、小波、白波、立浪《たつなみ》、荒波など、さまざまな名前がつけられています。単独のほか、千鳥《ちどり》や燕《つばめ》、兎《うさぎ》、船、植物などと組み合わせて描かれます。

絽《ろ》に＊光琳《こうりん》文様風の波を織り出した夏用の帯地。

＊光琳文様は123ページ参照。

動物文様

中国から伝わった鳳凰《ほうおう》などのほか、鳥や魚も用いられ、植物や自然文様などと組み合わせて用いられます。

鶴文　つるもん

鶴は中国では千年生きるとされ、瑞鳥《ずいちょう》のひとつとして崇拝《すうはい》されてきました。日本でも純白の羽を持つ鶴は、立ち姿、飛び姿ともに美しく、代表的な吉祥《きっしょう》文様に。鶴の姿に合わせて、飛鶴《ひかく》、雲鶴《うんかく》、群鶴《ぐんかく》、立《たち》鶴《づる》など、鳥文様としてはもっとも多くの種類があります。

俵屋宗達《たわらやそうたつ》の「鶴下絵和歌巻《つるしたえわかかん》」を題材にした飛鶴文様の帯。

魚文　うおもん

魚は富と幸福のシンボル、子孫繁栄の吉祥文様などといわれ、鯉《こい》、鮎《あゆ》、鯛《たい》、金魚、河豚《ふぐ》、蟹《かに》、海老《えび》などが、文様に使われています。単独のほか、波や水草との組み合わせも。

紬地に絞り染めで鯉文様を染めたカジュアルな帯地。

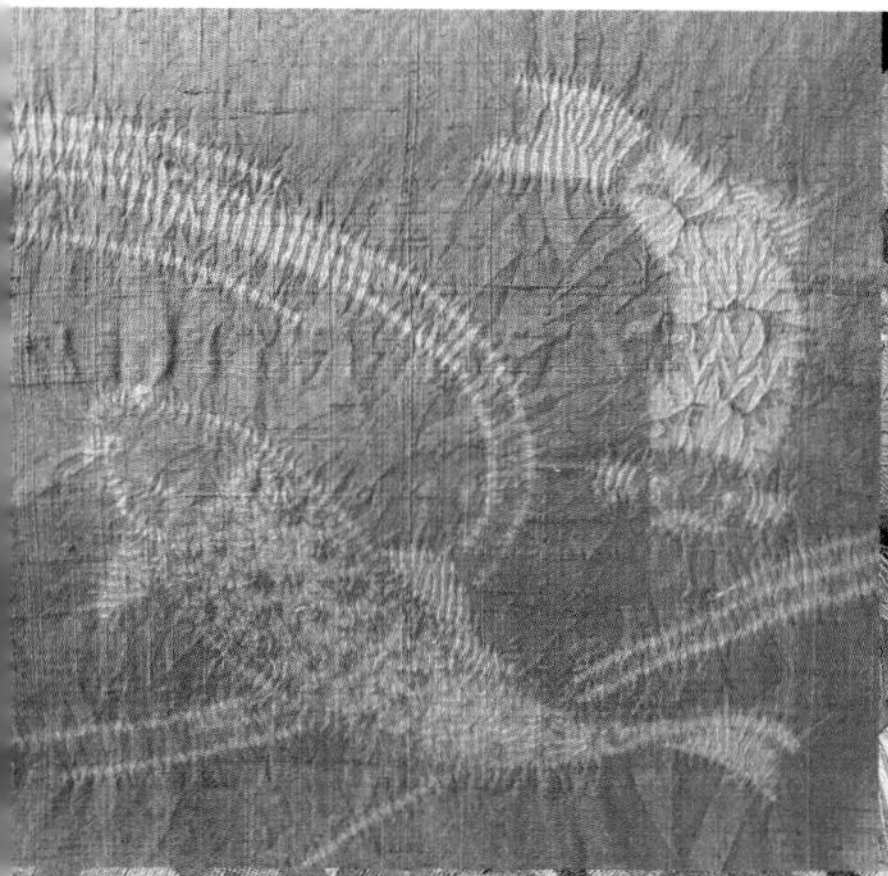

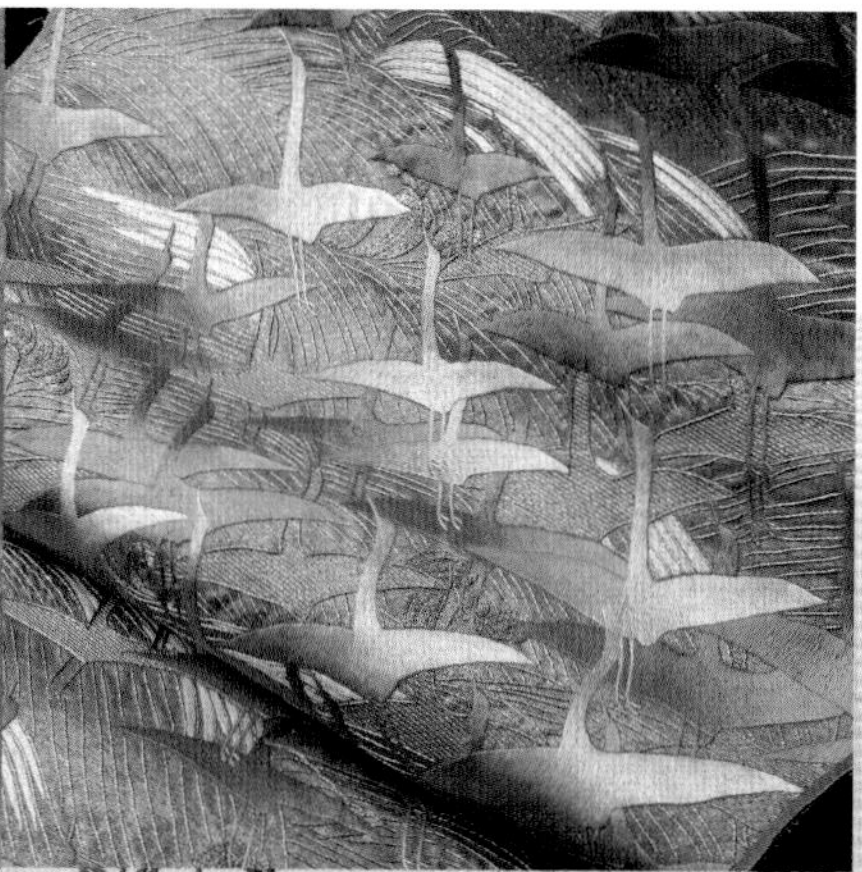

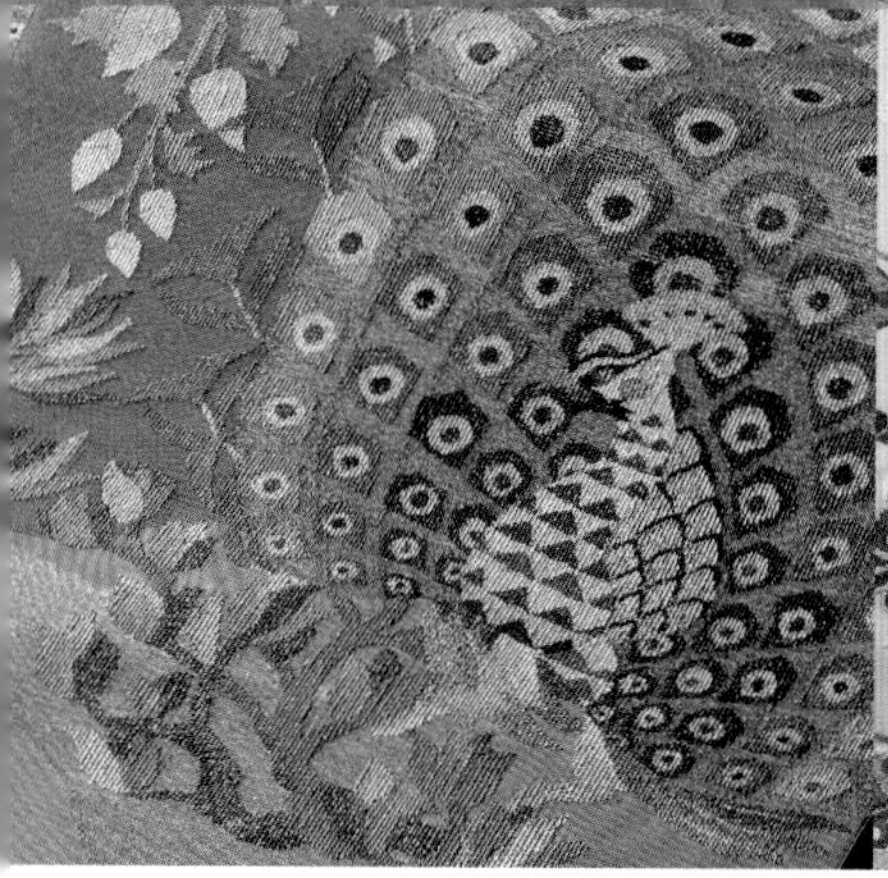

燕文　つばめもん

一般的に秋の雁《かり》に対して、燕は春の渡り鳥として表現されます。尾の外側の羽がすっと伸びて飛翔《ひしょう》する姿が美しく、柳や菖蒲《しょうぶ》、春の草花と組み合わせて用いられます。

墨絵のような燕を織り出した、絽綴の袋名古屋帯。

蝶文　ちょうもん

中国で長寿のシンボルとされている蝶の文様は、奈良時代に日本に伝来。平安時代に公家装束の有職《ゆうそく》*文様に取り入れられ、独立した文様として人気になりました。

桜の間を自由に舞い飛ぶ蝶の姿は、胡蝶《こちょう》の舞として歌舞伎や能でおなじみ。その様子を文様化した帯地。

孔雀文　くじゃくもん

熱帯の森林に棲《す》み、長い首と頭に扇形の冠羽《かんう》を持つ孔雀は、古代中国では徳をもたらす瑞《ずい》鳥《ちょう》として牡丹《ぼたん》とともに描かれました。日本では鳳凰にたとえられ、文様には長く美しい羽を広げる姿が用いられます。

孔雀の姿を爪綴《つめつづれ》で表現した帯地。

＊有職文様は110ページ参照。

その他の文様

御所解き文様

ごしょどきもんよう

風景文様のひとつで、全体の印象としては王朝風の雅《みやび》な文様です。江戸時代の貴族や上流武家の女性が着た小袖《こそで》文様でもあり、御所解きの名前がついたのは明治時代以降です。茶屋辻《ちゃやつじ》（江戸時代の風景文様）より後に考案されたもので、染めや刺繍《ししゅう》で表現されます。庭に松、梅、桜、草花などが描かれ、伸びやかな流水、滝、御所車《ごしょぐるま》、御殿《ごてん》、枝折戸《しおりど》、柴垣《しばがき》、東屋《あずまや》などが配されています。

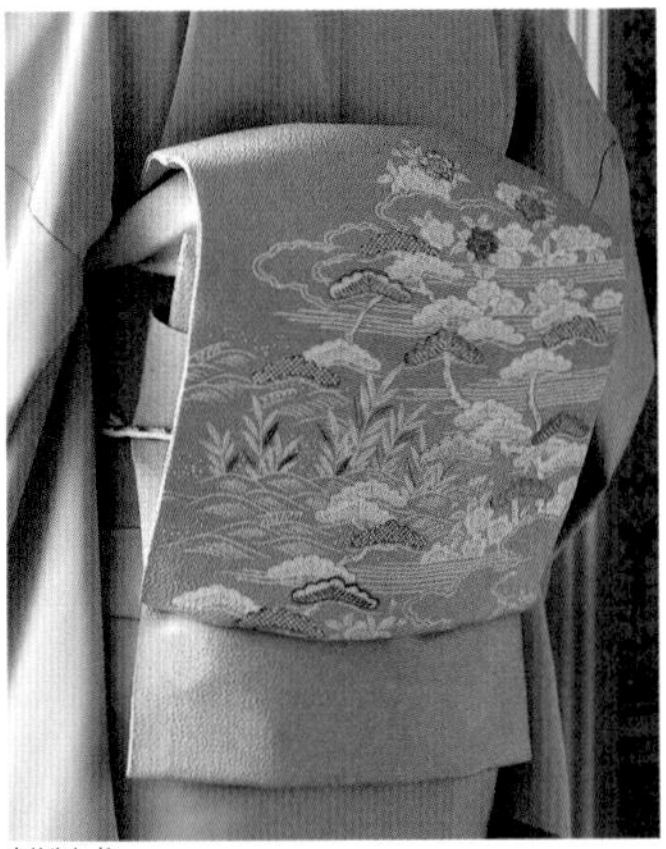

縮緬地《ちりめんじ》に松や桜、波などの代表的なモチーフを染めた御所解きの名古屋帯。

引き箔《はく》の地に、松、桜、菊、萩などの植物、東屋、枝折戸、柴垣、波などを刺繍で表現した豪華な袋帯。

海辺の風景に桜と楓《かえで》をあしらって華やかさを出した礼装用の袋帯。

風景文様

ふうけいもんよう

自然の風景を文様に表現することは古くから行われてきました。平安時代以降は日本の風景が多く用いられ、京名所や近江八景《おうみはっけい》、日本三景など、特定の場所を表したものも見られます。これらは名所文様ともよばれます。そのほか、場所は特定されていませんが、茶屋辻、御所解き、江戸解《えどと》き、水辺、楼閣山水《ろうかくさんすい》などの風景文様もあります。

市松文

いちまつもん

石畳《いしだたみ》文ともいい、色の異なる正方形を交互に敷き詰めた格子状の文様のことです。平安時代には細かい石畳文は霰《あられ》とよばれ、＊有職《ゆうそく》文様として公家の衣装に用いられました。その後、江戸時代中期の上方歌舞伎役者・佐野川市松《さのがわいちまつ》が舞台衣装の袴《はかま》に愛用したことから、市松文様の名前がつきました。

青海波文

せいがいはもん

水面に見える波頭を幾何学的にとらえて文様化したもので、同心円《どうしんえん》を互い違いに重ねて、同心円の一部が扇状になっています。帯の文様には、花で青海波の形を作った菊青海波《きくせいがいは》文などもあります。

四角形の中に交互にさまざまな文様を配した織り帯。

紗《しゃ》の地に青海波を全体にあしらい、鳳凰《ほうおう》や鯉《こい》、宝尽《たからづ》くしを散らした夏用の帯。

さまざまな草花を組み合わせた更紗文の染め帯。紬《つむぎ》や小紋《こもん》のお洒落着に。

縮緬地に桐、藤、桔《き》梗《きょう》、楓などを丸くかたどって、花の丸文様を表現した染め帯。

丸文

まるもん

丸い形の文様をすべて丸文とよびます。丸の中に植物や動物、器物などを配したものと、花や動物の文様自体を丸くかたどったもの（花の丸や鳥の丸という）に、大きく2つに分かれます。

更紗文

さらさもん

室町時代から江戸初期にかけて輸入された、インドやジャワ、ペルシャの木綿の染め布を更紗とよびます。その布にほどこされていた異国的な図柄が更紗文様です。柄は人物、鳥獣、草花、樹木、幾何文様など多種多様で、色彩も豊かです。

＊有職文様は110ページ参照。

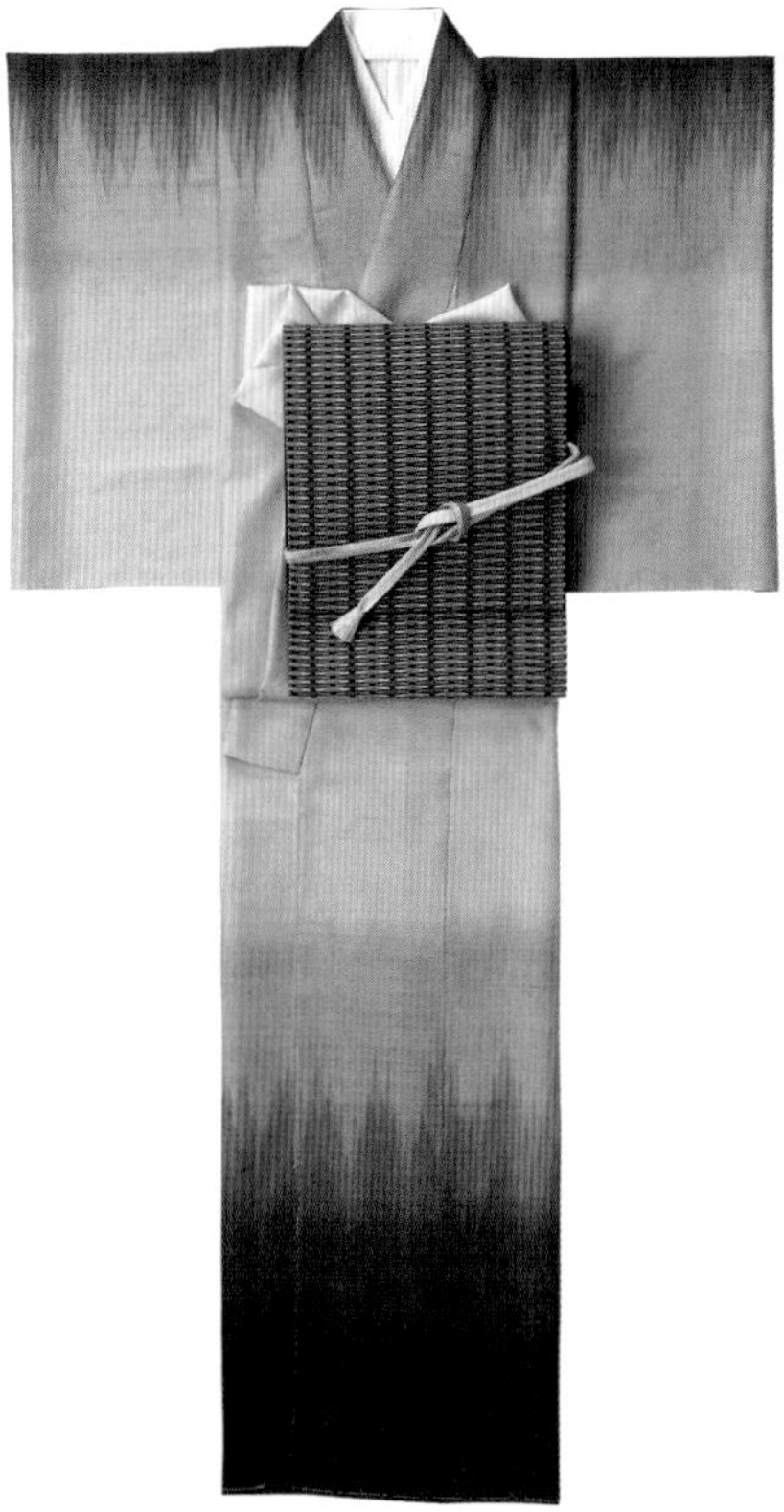

第3章

きものと帯の組み合わせ

きものと同じように帯にも格《かく》があります。
それは技法や素材、文様などで決まりますが、コーディネートするときには、
きものの格に合った帯を選ぶとよいでしょう。
組み合わせの基本的なポイントを覚えておくと安心です。

振袖の帯

——古典柄をベースにした若々しく華やかな帯

若い女性の第一礼装のきものが振袖《ふりそで》です。成人式などの各種式典やお祝いの席にふさわしく、どれも華やかな表現がされています。色柄も豊富で、古典文様から現代的な模様まで、着る人の個性で自由に選ぶことができます。

振袖に合わせる帯は、現代は袋帯が中心です。金糸銀糸や箔《はく》を使った錦織《にしきおり》や唐織《からおり》などの豪華なものが合います。模様は振袖に合わせますが、多彩なきものの場合は黒地で引き締め、柔らかな配色の振袖には柄の中の一色を選ぶのもいいでしょう。

縮緬《ちりめん》地に桜の花と色紙《しきし》散らしを染めたしっとりとした振袖。花びらで七《しっ》宝《ほう》風の文様を形づくった優しい色合いの袋帯を文庫《ぶんこ》に結んで上品に。

多彩な総絞《そうしぼ》りの振袖には、色数を抑えた大柄の袋帯を選んですっきりと。帯は亀甲《きっこう》文と華文《かもん》の古典柄。やや小ぶりに結んだふくら雀《すずめ》が愛らしさを添えています。

背に蛤《はまぐり》の刺繍《ししゅう》を入れた無地感覚の振袖には、黒地に菱《ひし》文様を織り出した華やかな袋帯でアクセントを。変わり文庫に結んで若々しさをプラス。

黒留袖の帯

――金糸銀糸・箔《はく》などで、吉祥文様を織り出した帯

裂取《きれど》りに鳳凰華文《ほうおうかもん》をあしらった黒留袖。七宝文《しっぽう》や亀甲文《きっこう》、菱文《ひしもん》、華文などを組み合わせた華麗な袋帯で、格を添えて。

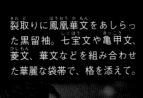

黒留袖《くろとめそで》は、黒地に白抜きの五つ紋《もん》をつけた裾《すそ》だけに模様のあるきものです。裾模様には祝儀の場にふさわしいめでたい模様があしらわれ、さらに衿元は白半衿《しろはんえり》に白比翼《しろびよく》を重ねて、いっそう厳粛な趣《おもむき》に。

帯は黒以外のさまざまな色彩のものを選ぶことができますが、ポイントは帯の格です。昭和初期までは帯は丸帯が主流でしたが、現代は袋帯が一般的。金糸銀糸、箔づかいの錦織《にしきおり》や佐賀錦《さがにしき》、唐織《からおり》、綴織《つづれおり》などがふさわしいでしょう。

模様はきものに合わせた吉祥《きっしょう》文様が決まり柄で、祝儀用に作られています。

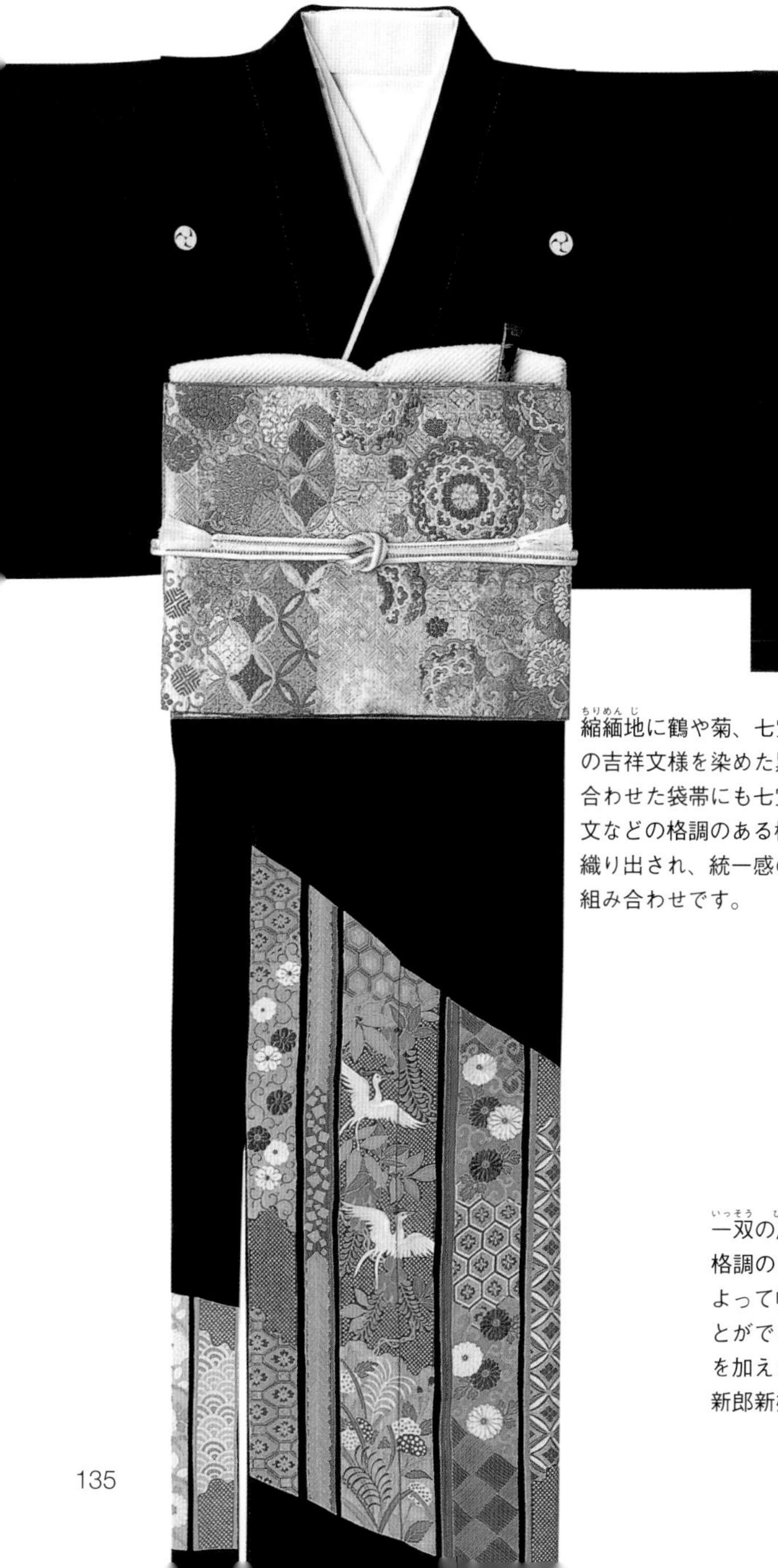

縮緬地《ちりめんじ》に鶴や菊、七宝などの吉祥文様を染めた黒留袖。合わせた袋帯にも七宝や華文などの格調のある模様が織り出され、統一感のある組み合わせです。

一双《いっそう》の屏風《びょうぶ》を上下に描いた格調のある黒留袖は、帯によって幅広い年代で着ることができます。錦織に刺繍《ししゅう》を加えた落ち着いた袋帯は、新郎新婦の母親世代に。

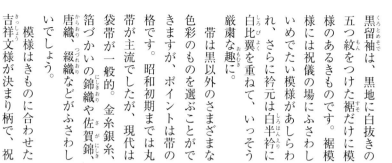

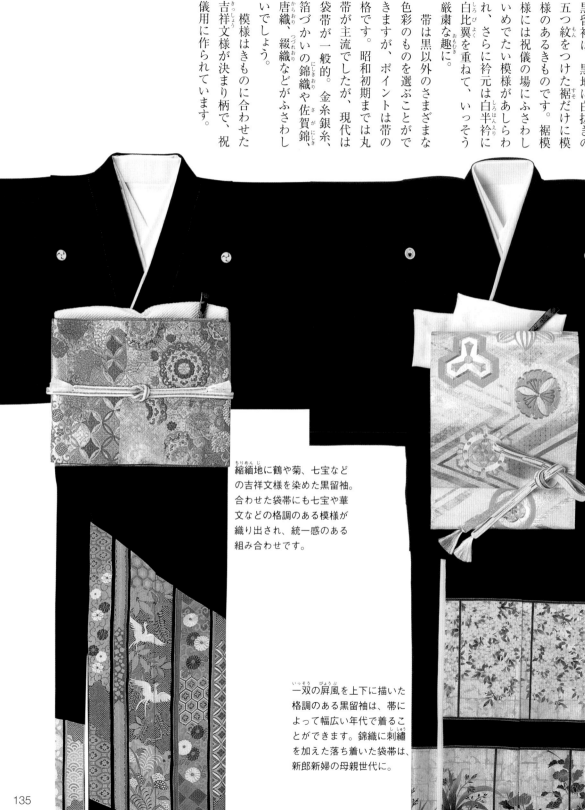

色留袖の帯

――きものの地色に調和した品格のある織り帯

黒以外の色で染めた留袖を色留袖《いろとめそで》とよび、白抜き五つ紋付きの色留袖は黒留袖と同格です。五つ紋のほか、三つ紋や一つ紋をつける場合もあり、紋の数が減ると準礼装になります。結婚式をはじめ、さまざまな祝賀会やパーティなどにも向きます。

合わせる帯は、基本的に袋帯で、きものの模様に合わせて選びます。模様の中の一色や同系色のものを選べば優しい雰囲気になり、きものの地色を引き立てる組み合わせなら明るい印象になるでしょう。

金泥《きんでい》をあしらい、流水や紅葉《もみじ》、桜などを染めた手描き友禅《ゆうぜん》の色留袖。黒留袖と同格に着るなら白比《しろび》翼《よく》、訪問着風なら伊達衿《だてえり》を。帯は銀地に金糸や紫色で華文《かもん》を織り出した豪華な袋帯。

四季の草花に牛車《ぎっしゃ》を描いた王朝《おうちょう》文の色留袖。黒地に桐竹《きりたけ》文様を織り出した袋帯を合わせて格調高く。結婚披露宴での主賓《しゅひん》などの装いに最適。

梅や菊などさまざまな花の姿を写実的に描いた美しい裾模様。合わせた黒地の唐織《からおり》の袋帯は、鮮やかな色彩がきものの色合いに映え、全体の引き締め役にもなっています。

訪問着の帯

——礼装用は古典柄の袋帯、社交着用は個性的な帯

訪問着《ほうもんぎ》は胸から裾《すそ》、袖《そで》などに模様がある華やかなきものです。色留袖《いろとめそで》の次に格があり、模様付けによっては幅の広い着こなしができます。現代では準礼装や社交着として、もっとも着る機会の多い一枚といえます。

TPOによって、柄付けと合わせる帯が変わってきます。礼装用には古典柄の訪問着が主流で、金糸銀糸を用いた礼装用の袋帯を合わせます。帯揚げ・帯締めも白系でまとめると、いっそう改まった装いに。社交着として、パーティや各種の集まりに着る場合は、趣味性の強い組み合わせもお洒落です。

華やかな藤の刺繍《ししゅう》の訪問着は、春の結婚式などの祝賀の席に最適。帯はきものの地色の一色をとって、桐《きり》文を織り出した金糸づかいの綴織《つづれおり》帯。

松に積もる雪を刺繍で表現した絵画のような風景文様の訪問着。改まった席には、同系色の立涌《たてわく》文の唐織《からおり》の袋帯で格調高く。

縮緬《ちりめん》地のぼかしのきもに個性的な帯を合わせて、お祝いの会や集まりに。帯は片岡球子《かたおかたまこ》画の「赤富士」を爪綴《つめつづれ》で忠実に表現した袋帯。

パーティの帯

――フォーマルの集まりには金糸銀糸、箔《はく》づかいの華やかな帯

パーティの装いは場所、時間、趣旨、集まる人などによって変わります。仲間内の集まりなら問題はありませんが、気になるのはホテルなどの広い会場で開催されるフォーマルな要素の強い祝宴。こんなときは、色留袖《いろとめそで》や訪問着《ほうもんぎ》が重宝します。こうしたきもののの華麗さは、イブニングドレスやカクテルドレスにも引けをとりません。ライトの下で映えるのは、明るいきれいな色のきもの。きものの格に合わせて、金糸銀糸、箔を用いた袋帯を選ぶと華やかでパーティの雰囲気に合うでしょう。

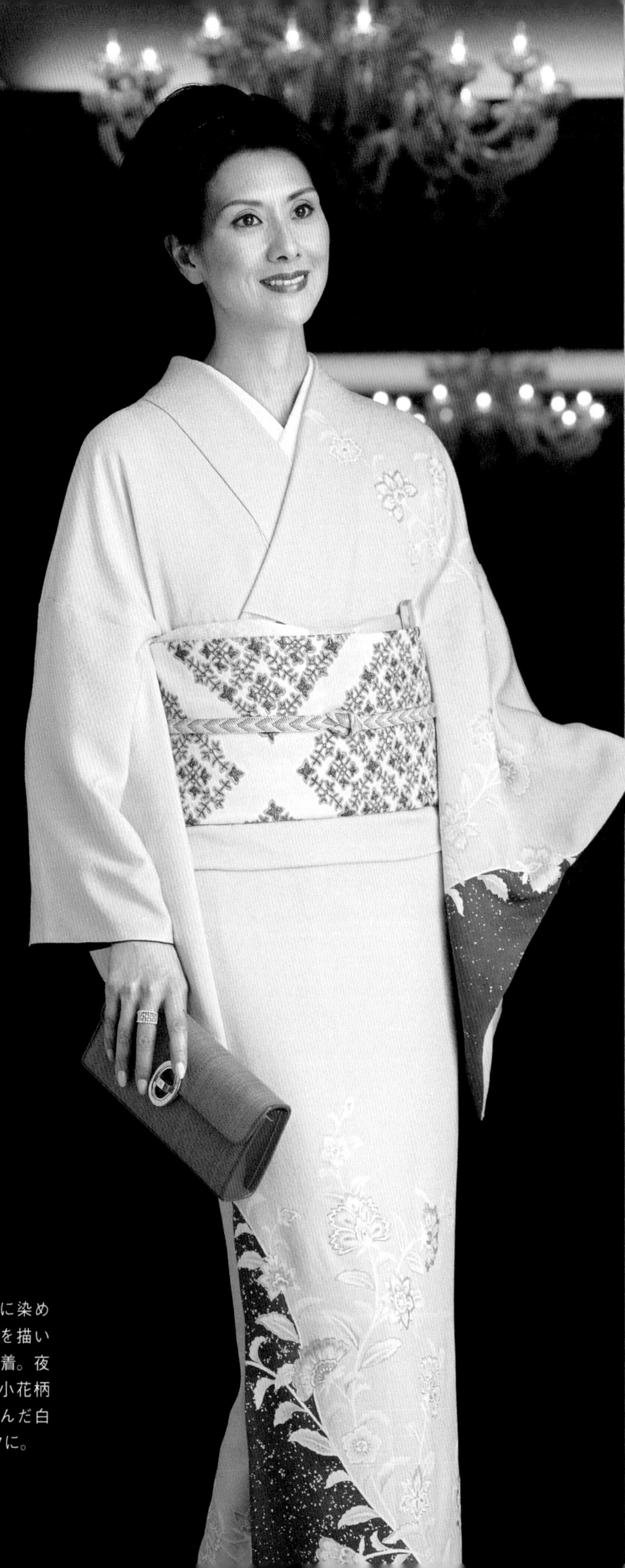

紋意匠《もんいしょう》地を２色に染め分け、唐花《からはな》文様を描いたモダンな訪問着。夜の集まりには、小花柄を菱文《ひしもん》に織り込んだ白地の袋帯でシックに。

一つ紋《もん》付きの色留袖に、大きな鏡《きょう》裏《り》文様を織り出した袋帯の組み合わせ。帯は経糸《たていと》に紬《つむぎ》糸と金糸を撚《よ》り合わせたものを用い、緯《よこ》糸として箔のテープを織り込んでいます。輝く模様は刺繍と螺鈿《らでん》で表現。

若竹が印象的な手描き友禅の訪問着は、部分的に刺繍がほどこされている。プラチナの引き箔を用いた袋帯は、エキゾチックなヨーロッパ風の華文《かもん》を刺繍《ししゅう》で表現したもの。外国人の多いパーティに。

付下げの帯

——控えめで落ち着いた印象の袋帯や名古屋帯

付下《つけさ》げは訪問着《ほうもんぎ》を簡略化したきもので、気軽に着ることができます。簡略されているところは柄付けで、一般的に訪問着に比べてあっさりとした、あるいは小さめの模様が主流です。柄の付け方によって、友人知人の結婚披露宴、各種式典、パーティ、茶席などで着ることができます。

帯は、袋帯や洒落袋《しゃれぶくろ》帯のほか、織り名古屋帯、染め名古屋帯などを合わせます。織り帯の場合は、金糸銀糸・箔《はく》入りの豪華なものより、美しい色糸を用いた落ち着いたものが付下げには合います。

横段ぼかしの地に、春秋の草花を盛った花籠《はなかご》文様の付下げ。笠文様の袋帯を合わせて和の発表会などに。

菊、藤、秋草をのせた花筏《はないかだ》文様に、流水を配した友禅染《ゆうぜんぞめ》の付下げ。金糸で松皮菱《まつかわびし》文様を織り出したシンプルな袋帯は、お祝い事にも。

更紗《さらさ》文様風の花をすっきりと描いた手描き友禅の付下げ。帯は唐花文様を織り出した名古屋帯。文様のモチーフは似ているが、筆づかいが異なるのでコーディネートにメリハリが出る。

落ち着いた桜ねずみ色の色無地に、名物裂《めいぶつぎれ》の遠州緞子《えんしゅうどんす》をアレンジした帯。色づかいがどこかモダンで、きものの色が引き立つ。

色無地の帯

――一つ紋《もん》付きには、格のある袋帯や名古屋帯

色無地《いろむじ》は利用範囲の広い一色染めのきものです。一つ紋をつけると、慶弔《けいちょう》両用の準礼装になり、各種お祝い事、茶席、通夜《つや》や法事《ほうじ》などに着ることができます。明るく華やかな色は慶事に、両用するなら紫、藍《あい》、グレーなどのシックな色を。

帯は着る目的によって、格のある袋帯からカジュアルな名古屋帯まで。紋付きの色無地を慶事で用いる場合は、控えめな金銀づかいの袋帯や織り名古屋帯、茶席には名物裂《めいぶつぎれ》文様の帯、観劇や食事会には洒落《しゃれ》袋《ぶくろ》帯や染め名古屋帯などを。

桜柄の地紋《じもん》に合わせたピンクの色無地に、白地に花筏《はないかだ》文様を織り出した袋帯。一つ紋をつければ準礼装に。

色は一色だが、地紋入りも豊富。市松文様の中に花兎《はなうさぎ》文を織り出した色無地は茶席に最適。淡い金糸銀糸入りの、七宝《しっぽう》文様の袋帯を合わせると格が上がる。

江戸小紋の帯

――紋《もん》付きの細かい柄は、落ち着いた文様の袋帯など

小紋《こもん》の中でも江戸《えど》小紋《こもん》は特別な小紋です。色無地《いろむじ》と同じように一色染めのきものですが、江戸小紋は小さな模様が白く染め抜かれています。

その模様の種類は数千ともいわれ、かつて武士の裃《かみしも》に用いられた細かな柄（鮫《さめ》、角通《かくどお》し、行儀《ぎょうぎ》、霰《あられ》など）は、遠くから見ると色無地のように見えます。これらのきものは、一つ紋をつけると、色無地と同格になります。

改まった席に着る場合は、金糸銀糸、箔《はく》などの控えめな袋帯や織り名古屋帯を合わせ、紋なしで街着にする場合は、染め名古屋帯や袋名古屋帯を選びます。

鮫、青海波《せいがいは》、七宝《しっぽう》、亀甲《きっこう》などを霞取《かすみど》り風に配した遊び心のある江戸小紋。洒落袋《しゃれぶくろ》帯を合わせて街着に。

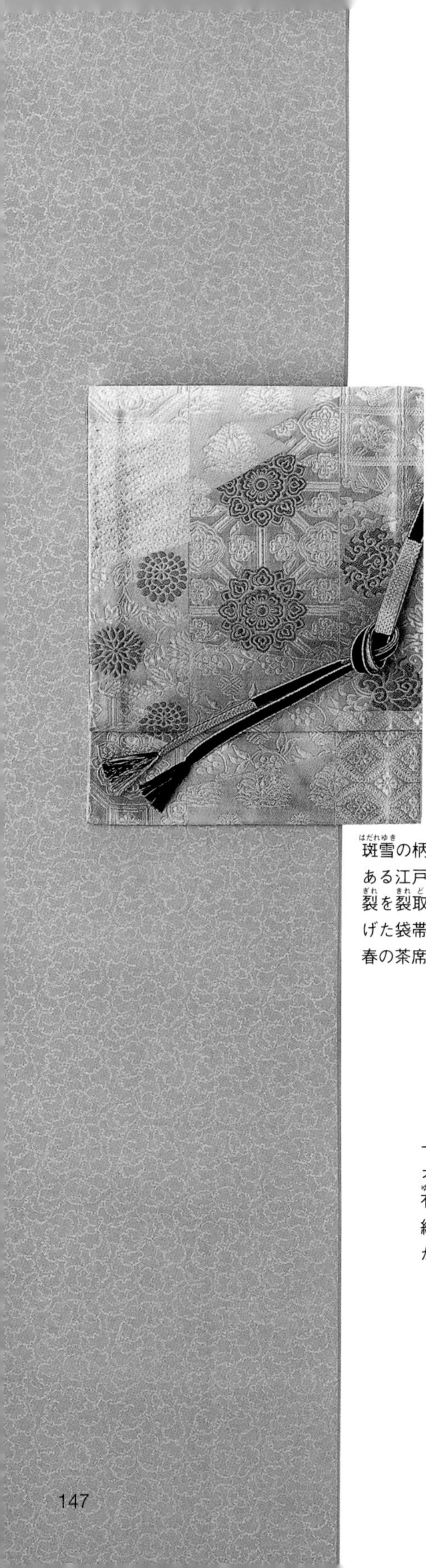

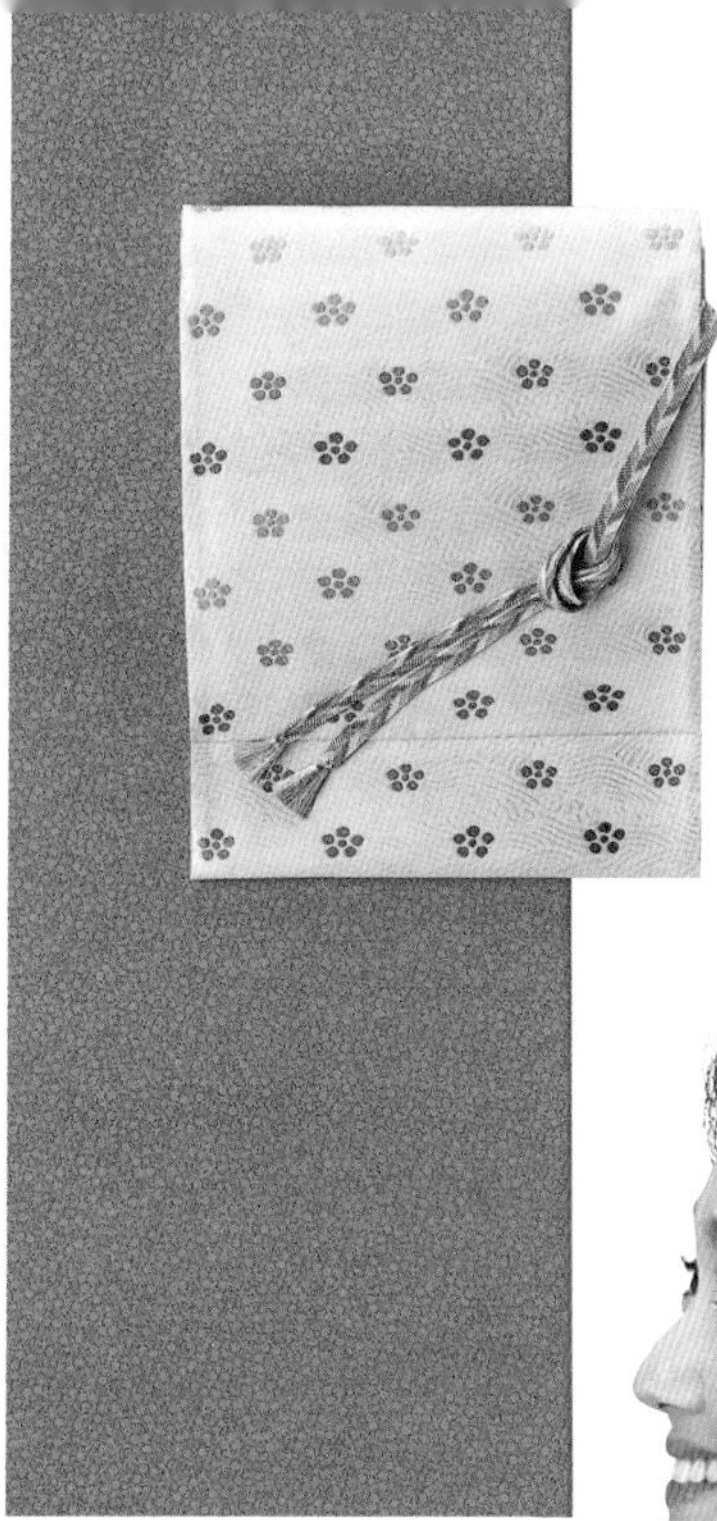

桜に源氏香《げんじこう》を配した「花散里《はなちるさと》」という凝った江戸小紋に、梅鉢文様の白い洒落袋帯を合わせて。春の茶席や観劇などに。

斑雪《はだれゆき》の柄を染めた趣《おもむき》のある江戸小紋に、名物《めいぶつ》裂《ぎれ》を裂取《きれど》り風に織り上げた袋帯。晩秋から早春の茶席にも。

一つ紋付きの鮮やかなオレンジ色の鮫小紋に、有職《ゆうそく》文様の轡唐草文《くつわからくさもん》を織り出した袋帯を。格が高く準礼装として。

茶席の帯

──名物裂《めいぶつぎれ》写《うつ》しや有職《ゆうそく》文様の袋帯・名古屋帯

席入りのときは先客の帯に目が行き、茶室ではお点前《てまえ》をする人の帯に目が向くなど、帯はとても目立つもの。きものは無地が多く、柄のあるものでも無地に準じた、控えめな柄付けが基本です。それらのきものを引き立て、装いを完成させるのが帯です。

どのような席でも、安心して締められるのは、*名物裂写し（名物裂文様）と*有職文様の袋帯や名古屋帯。かつて公家《くげ》の染織品に用いられた有職文様は、現代の古典文様の基礎になっています。名物裂は茶の湯全盛の時代に外国からもたらされた異国情緒豊かなもの。どちらも色柄に品格があり、長く使えます。

江戸小紋《えどこもん》風の柄付けの御召《おめし》は、独特の光沢感が特徴。帯は名物裂文様をアレンジしたもの。小物を白でまとめて爽やかに。

一つ紋付きの鮫《さめ》柄の江戸小紋に、有職文様の袋帯の組み合わせは初釜などにも向く。帯は菱に鶴の丸文を織り出した唐織《からおり》。

シックな小紋のきものに、御所解《ごしょど》き文様を手描きした名古屋帯のコーディネートは、お稽古から気軽な茶会まで。

＊名物裂文様は114ページ、有職文様は110ページ参照。

四季の染め帯

ひと足早く帯で
季節感を表現する楽しみ

春

塩瀬《しおぜ》地に開花した桜の姿を夾纈《きょうけち》染めで表した名古屋帯。薄墨《うすずみ》色の闇の中に、ほのかに浮かぶ桜を白で描き、夜桜の風情を感じさせます。

夏

水辺の草に羽を休める蜻蛉《とんぼ》。そんな涼しげな景色をお太鼓柄に表現した絽《ろ》の名古屋帯。蜻蛉と水草は友禅染《ゆうぜんぞめ》で、光る水面は一珍糊《いっちんのり》たたきで表しています。

秋

黒い縮緬《ちりめん》地に、深緑の竹林を背景に色づく紅葉《もみじ》の赤を染めた、華やかな江戸友禅の六通《ろくつう》柄。七宝《しっぽう》文様の色無《いろむ》地《じ》に合わせて、秋のパーティなどに最適です。

冬

梅の季節は2月から3月。それを先取りして新春から締めたい梅文様の染め帯。花びらにほどこされたさりげない金糸の刺繍《ししゅう》が、華やかさを添えています。

小紋の帯

――よそゆきには洒落《しゃれ》袋《ぶくろ》帯と染めや織りの名古屋帯

小紋《こもん》は食事会や買い物などの街着から、柄付けによっては改まりすぎないよそゆき着にもなり、観劇や同窓会、軽いパーティなどにも活用できます。柄付けの多くは、型を使って模様を染める型友禅《かたゆうぜん》ですが、ほかにも手描き友禅、紅型《びんがた》、絞り染めなどがあり、それぞれ雰囲気が異なります。

よそゆきとして着るときは、洒落袋帯や手描きの染め名古屋帯、格調のある文様を織り出した名古屋帯などが合います。

付下《つけさ》げ感覚で装える飛び柄の小紋。菊柄だが、帯によって季節を問わず着ることができる。お正月に着るなら、独楽《こま》や毬《まり》、風車などの玩具《がんぐ》文様の染め帯で新春気分を。

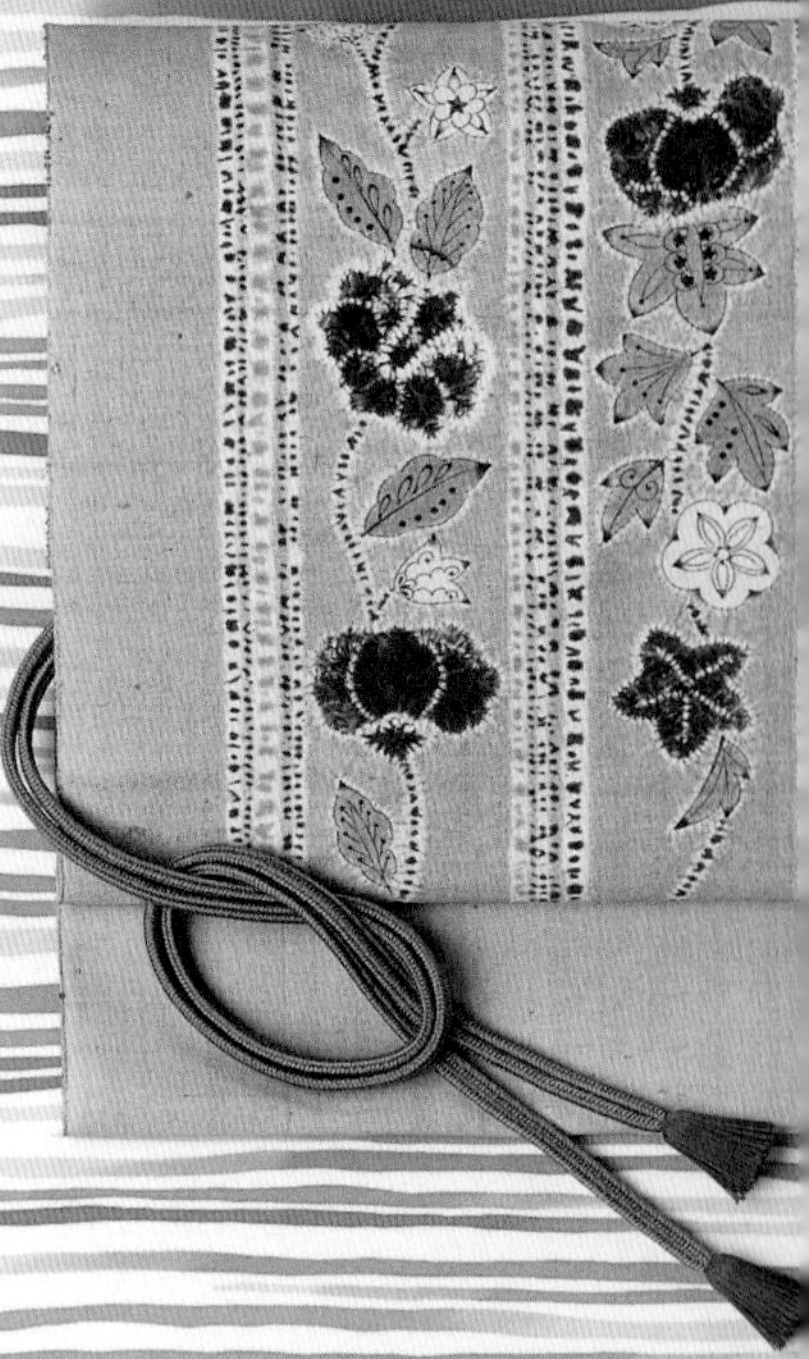

1枚の小紋も帯を替えると、また違った雰囲気に。きものはよろけ横縞《じま》の総柄小紋。紬《つむぎ》地の染め帯を合わせるとカジュアルに、菱《ひし》文様の袋帯を合わせるとランクアップ。

桜の花びらが舞うよそゆき小紋に刺繡帯の組み合わせは、観劇やパーティにふさわしい装い。帯は紬地に箔《はく》と刺繡で桜の枝と慶長短《けいちょうたん》冊《さく》流しを表現しています。

紬の帯

お出かけには洒落《しゃれ》袋《ぶくろ》帯・名古屋帯で個性的に

小紋《こもん》と同じように気軽に楽しめる紬《つむぎ》は、織りのきものの代表です。どちらも基本は繰り返し文様ですが、白生地に柄を染める小紋に対して、紬は色糸で模様を織り出します。かつては普段着とされた紬も、現代は上質な素材や技術の高さが評価され、大島や結城《ゆうき》などの紬はよそゆきに。ただ、どんなに高価な紬でも、改まった披露宴や茶席には不向きです。

観劇や同窓会、軽いパーティに紬を着る場合は、洒落袋帯や袋名古屋帯、名古屋帯などを合わせます。カジュアルな紬を普段着に楽しむ場合は半幅《はんはば》帯でも。

久米島《くめじま》紬に草花柄を染めた紬の名古屋帯。買い物や食事会に気軽に楽しめる組み合わせ。

無地の結城紬も帯合わせで変化が。格子柄の洒落袋帯は気軽な街着に、銀糸で*正倉院《しょうそういん》文様を織り出したすくい織の袋帯はちょっと改まった席に。

結城紬にアンティークの更《さら》紗《さ》文様の帯。この更紗は両面手描きの﨟纈《ろうけつ》染め。

杉綾《すぎあや》風の縞《しま》柄を織り出したきものに、しっとりした縮《ちり》緬《めん》地の染め帯。図案化した梅柄が優しいタッチで描かれている。

＊正倉院文様は106ページ参照。

盛夏の帯

——きものに合わせて、絽《ろ》、紗《しゃ》、羅《ら》、麻《あさ》などの帯を

梅雨が明けて、本格的な暑さになる7月、8月。染めのきものの素材は絽と紗に、織りのきものは夏紬《なつつむぎ》や上布《じょうふ》、麻になります。いずれも、透け感のある涼しい素材です。絽や紗のきものには、秋草や水の流れ、水辺の景色などを涼やかに染めたものが多く見られます。それらの訪問着《ほうもんぎ》や付下《つけさ》げに合わせる帯は、絽か紗の袋帯。絽のきものには絽か紗、紗のきものには紗の帯、が一般的です。

夏紬や上布などのきものには、絽綴《ろつづれ》、紗、羅のほか自然素材の帯も似合います。帯の種類では袋名古屋帯、名古屋帯が中心です。

濃い紫地に白で花熨斗《はなのし》文様を染めた絽の訪問着に、貝散らし文の紗の袋帯を合わせた装いは、夏の結婚披露宴などに最適。すっきりと華やかで、宴席に爽やかな印象を与える。

白地に幾何文様の涼しげな夏塩沢《なつしおざわ》。シックなピンク地に、更紗《さらさ》文様を染めたざっくりとした麻の染め名古屋帯。ピンク系の帯締めで若々しく。

線だけで模様を構成したモダンな絽の付下げ。白地の絽綴の袋名古屋帯を合わせてシンプルに。

茶色の格子と井桁《いげた》を織り出した越後上布に、柳を柿渋で染めた袋名古屋帯は、贅沢なカジュアルの組み合わせ。帯締めの色をアクセントに。

浴衣の帯

――素肌に着る木綿浴衣なら、カジュアルな半幅帯を

若い世代を中心に、すっかり夏の遊び着となった浴衣。昔ながらの白地や紺地のほかに、カラフルな地色の浴衣が豊富です。浴衣の素材も代表的な綿コーマを中心に、紬《つむぎ》風、綿絽《めんろ》、綿紅梅《めんこうばい》、綿麻など、さまざまなものがあります。

綿コーマには半幅帯《はんはば》や兵児《へこ》帯を結びますが、それ以外の上質な素材の浴衣は半衿をかけて、足袋をはけば、お太鼓結びも似合います。その場合の帯は、袋名古屋帯や名古屋帯ですが、これらの帯も半幅帯も、素材は麻、木綿、紗などが中心です。

紺地に蝶文様を白で染め抜いた清々しい浴衣。無地の半幅帯をシンプルに結んだ正統派の装い。帯揚げがアクセントになっている。

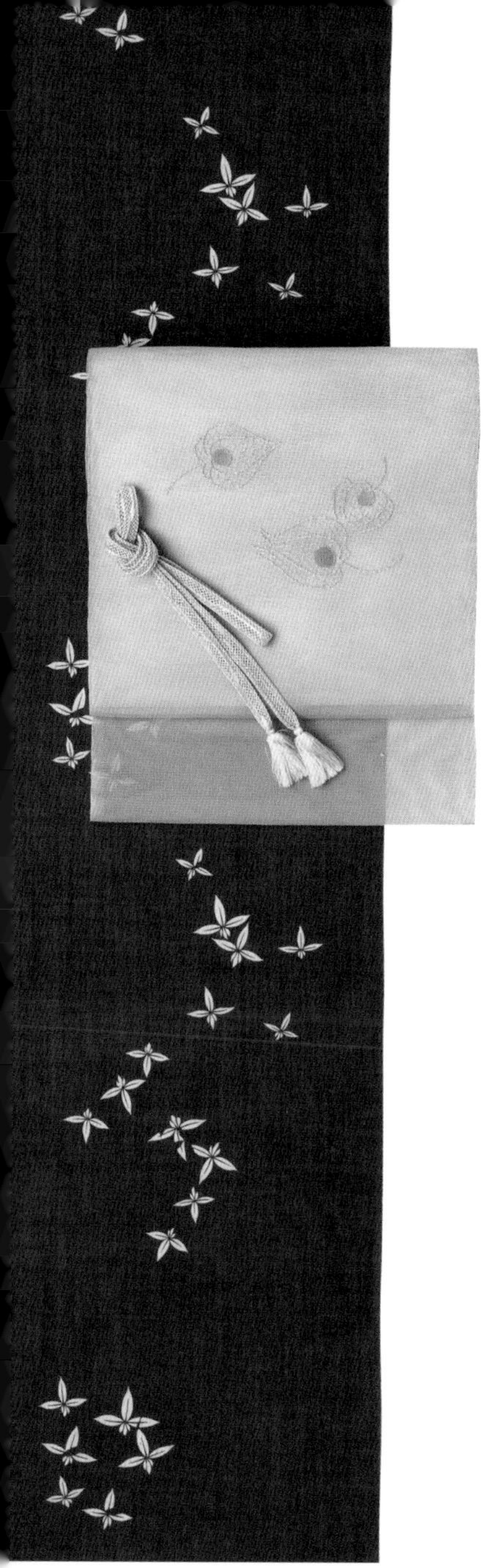

麻の葉を散らした麻地の浴衣。紗《しゃ》織りの袋名古屋帯をお太鼓に結ぶ場合は、半衿と足袋をつけて夏のきものに。

笹文様の綿コーマの浴衣は、やや大人っぽい雰囲気。縞《しま》の博多織《はかたおり》の半幅帯で粋に。

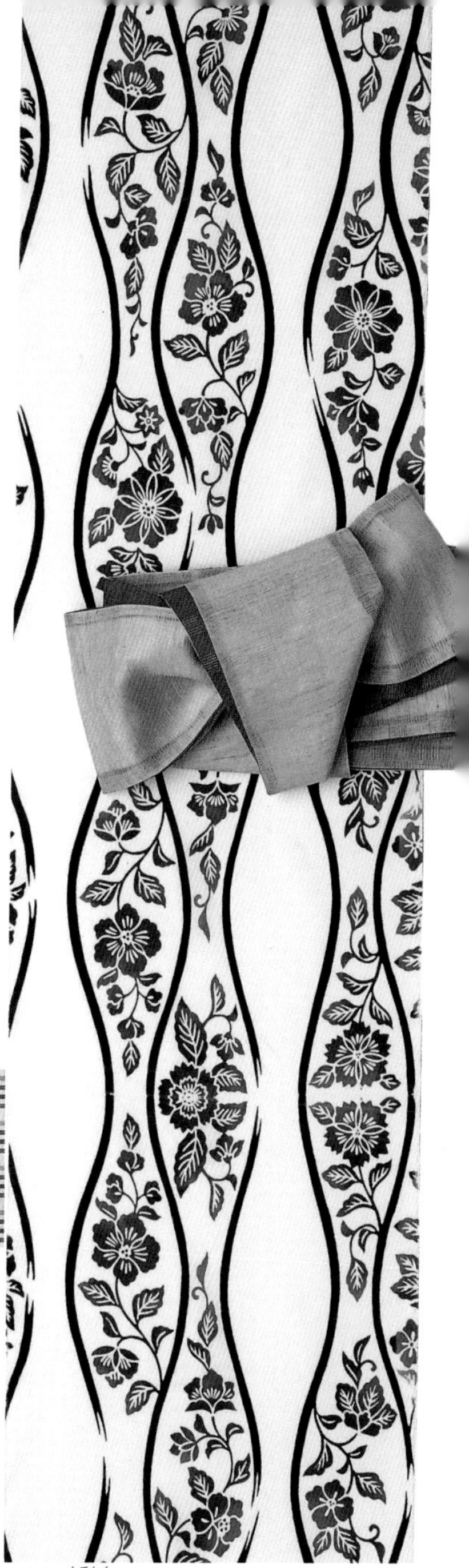

白地に立涌《たてわく》文様の綿コーマの浴衣。麻のリバーシブルの半幅帯ですっきりと。

喪の帯

——法事や偲ぶ会には色無地に黒共帯か色共帯

喪服には黒喪服と色喪服があり、喪帯にも黒共帯《ともおび》と色共帯があります。葬儀や告別式に用いるもっとも正式な装いは、黒喪服に黒共帯です。法事などに着るきものと帯は、黒一色、色＋黒、色＋色、の3通りの組み合わせが考えられ、黒が多いほど喪の色合いが濃くなります。黒共帯や色共帯は袋帯か名古屋帯で、一般的に地紋があり、格調のある菱、華文《かもん》、雲、霞《かすみ》、蓮《はす》、経典《きょうてん》の文字などが主流です。

控えめな地色の色無地に、法事用の帯を合わせたもの。帯は灰色の地に、「無」の文字を織り出した名古屋帯。帯締め・帯揚げを薄墨色でまとめた装いは、回忌を重ねた法事などに。

右・色喪服と色共帯。帯は蓮の花を墨絵風に描いた名古屋帯。
左・色喪服に色共帯。帯は菊の花をあしらった織り名古屋帯。

色喪服と色共帯は、通夜、法事、偲ぶ会に。帯は経典に般若心経を織り出した袋帯。

色喪服と黒共帯の組み合わせは、通夜、法事に。帯は草花文様の名古屋帯。

帯の結び

市田ひろみ（服飾評論家）

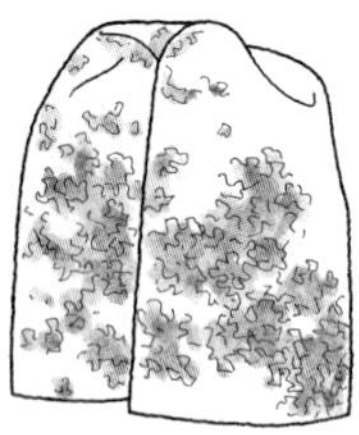

両側に長い羽根を垂らした優雅なだらりは、舞妓さんの結び。

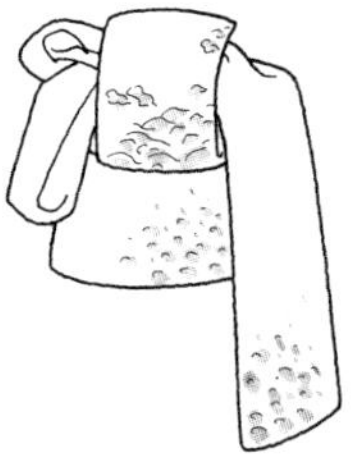

片側だけに羽根を垂らした片流し。浴衣からお洒落着まで、年代を問わず結べる。

帯結びのサンプル

成人式の日は、着付けをするところはどこも、早朝から大忙しだ。

前日までにあずかった振袖《ふりそで》が、ハンガーにずらりと並んで着手を待っている。

伝統柄、現代柄、抽象柄、無地感覚のものなど、よくまあ、こんなに多様なきものがあるものだ、と思って毎年眺めている。

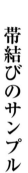

「帯結びはどんなのがよいですか？」

私のサロンには、帯結びの基本型のボードがあって、それを参考にしながらだいたいの好みを聞く。なかには自分で、写真や雑誌の切り抜きを持って来る人もいる。毎年、2、3人は、体の前に、「だらり（舞妓さんの帯結び）」を結んでほしいという人がいる。

●

ところで、帯結びの形の好みはわかっても、帯には文様がある。無地の帯なら、どんなふうに結んでもよいが、普通は模様を織り出してあるので、それを効果的に出したい。

袋帯は長さが4メートル20～4メートル30センチあり、その6割に柄があるのを六通《ろくつう》、全体に柄があるのを全通《ぜんつう》とよんでいる。

そして、おなかの柄を腹紋《はらもん》、背の柄を太鼓柄という。だから、どんな変わり結

文庫結びの上に小さな羽根をのせた愛らしい花文庫。

振袖の帯結びの定番、ふくら雀は左右の羽根を均等に仕上げるのがコツ。

びでも、前も後ろも文様が出るように気を配りながら結ぶ。

また帯には、関西腹、関東腹といって、腹紋が逆になっているものがある。

どの帯も胴に2巻きするが、左肩にて先を置いて、2巻き目に文様が出るのが関西腹。右肩にて先を置いて、2巻き目に文様が出るのが関東腹。ほとんどの帯は関西腹だが、なかには柄付けによって関東腹もあり、我々はそれを「逆手《ぎゃくて》」とよんでいる。

どんな帯の場合でも、我々は腹紋と太鼓柄をうまく出して結び上げねばならないし、それも瞬時の判断が要求される。留袖や訪問着は袋帯で二重太鼓、振袖や子どもの帯は変わり結びだ。

江戸のファッションリーダー

江戸時代の風俗を見ると、多彩な結び方があり、きものと帯は、相関関係にありながら一体感を持って、調和している。

西洋でいうところのベルトにあたるものは、日本では「紐」から「帯」へ、芸術的に変化した。浮世絵を見ても、きものと同時に、帯にも染織工芸の技が見られる。帯結びや着こなしの中に、年齢、既婚・未婚、職業、季節、TPOなどが見事に生きている。

遠い昔はさておいて、ほぼ小袖が定着した室町末期から江戸初期は、細い帯を締めていた。当時の細帯は、幅曲尺《かねじゃく》3寸（約10センチ）で、紙の芯が入れてあり、前で結んだ。小袖を2、3枚重ねて細帯を結び、その上に打掛《うちかけ》をはおった。

江戸初期には名護屋《なごや》帯も流行した。両端に房をつけた丸打ちの紐で、袋真田紐のような組み方で、遊女たちが夏帯に使ったようだ。

江戸も末期になると、髪型が大きくなるのに呼応して、帯幅が広くなり、長さも1丈2尺（約4メートル55センチ）にもなり、さまざまな結び方が流行する。

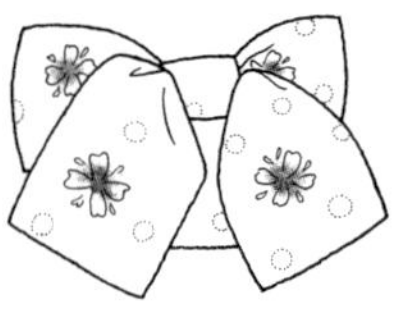

リボン結びとも蝶結びともよぶ、シンプルで華やかな結び。

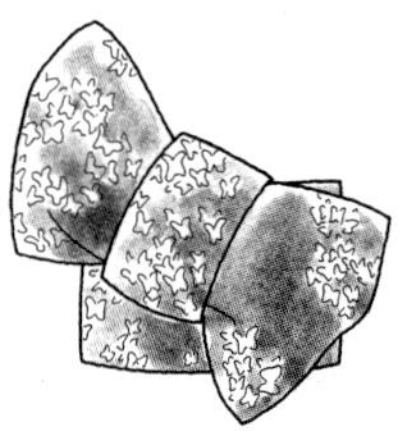

立て矢は、大奥の御殿女中の帯結び。今では振袖の帯に人気がある。

とくにファッションリーダーであったのは、歌舞伎役者や芸者たちだった。

この限りではないが、上村吉弥《かみむらきちや》、水木辰之助《みずきたつのすけ》、瀬川路考《せがわろこう》などの人気役者の着こなしは、そのまま流行を作っていった。

歌舞伎役者、初代上村吉弥は『近世女風俗考』によると、「唐犬の耳たれたる如く……」とある。結んだ帯の両端に鉛の錘《おもり》を入れていたということだ。今でいう、文庫結びのやや長めか。ともかくも、「吉弥結び」として流行した。

槍踊りで有名な水木辰之助は、1丈2尺の帯をだらりにして結んだ。背の高いこともあって、長く垂らしたのであろう。井原西鶴《いはらさいかく》の『世間胸算用《せけんむねさんよう》』(元禄5年)に「水木結び」として流行したことが記されている。

●

着こなしに忘れてならないものがある。当時、室内でおひきずりにきものを着ていたが、外出時には裾をからげ、細紐で引きずらないように留めた。その後、延宝の頃から、紫縮緬《ちりめん》などの「しごき」を使って、きものを持ち上げた。これを抱え帯とよぶことになり、現代もその名は残っている。しごきや抱え帯も、浮世絵の中に描かれており、実用と装飾性を兼ねたもので、効果的な使い方だ。

帯結びの多様さは、浮世絵を見るとよくわかる。歌川豊国《うたがわとよくに》「吉原大門《おおもん》内花魁《おいらん》道中図」(ボストン美術館蔵)は、東京・吉原の大門を入った仲《なか》の町《ちょう》を描いた作品だ。花魁2人、留袖新造《しんぞう》(年長の遊女)、振袖新造(若い遊女)、禿《かぶろ》、客、幇間《ほうかん》(太鼓持ち)が描かれていて、前結びや後ろ結びがよくわかる。後ろ結びは白歯の娘のもので、結婚するとお歯黒をして、帯は前で結んだ。当時、素材は一般的には繻子《しゅす》やビロードだった。

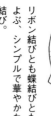

お太鼓結びの誕生

帯はきものに属するものでありながら、独自の発展を遂げる。

さまざまに女たちを楽しませた帯結びの中で、現在、もっとも一般的なお太鼓

「吉弥結び」は上村吉弥が考案。どこか文庫結びに似ている。

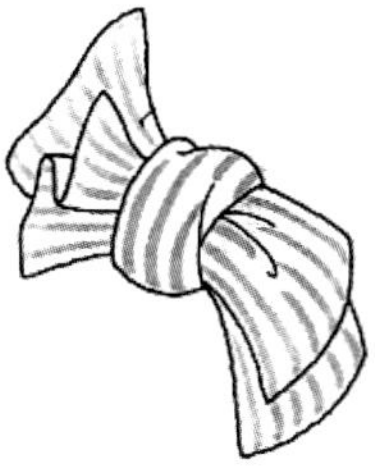

江戸時代の歌舞伎役者、水木辰之助が結んだ「水木結び」。

結びは、どのようにしてできたのであろうか。

大槻如電《おおつきじょでん》（１８４５〜１９３１）によると、東京発のようである。今から２００年余り前の東京・本所《ほんじょ》にある亀戸《かめいど》天神社で、太鼓橋が再造され、連日大勢の人で賑わったそうだ。

特に、深川の芸者衆は、太鼓橋の形になぞらえて、お太鼓に膨らみをもたせ、お太鼓がずり落ちないように紐で留め、胸もとに何か小裂《こぎれ》をあしらったのではないか。それまでの帯結びは、銭形平次の女房お静のように、後ろで結び上げるだけだった。

浮世絵にも帯締めや帯揚げはない。

ところで、亀戸天神社の太鼓橋はいつ頃できたのか……。

寛文2年（１６６２）10月25日造、文化14年11月吉日再造

文化14年（１８１７）再造の賑わいとともに、お太鼓結びが起こったことも確かなようだ。しかし、この木造の太鼓橋は、先の空襲で焼失した。焼失前、再造の日時が橋の擬宝珠《ぎぼし》に書いてあったことを、大槻氏は確認している。残念ながら、擬宝珠は現在、所在不明になっている。

●

現在、我々が締めている帯も、帯締め、帯揚げを得て、フィットしているのだから、誰かのちょっとした工夫がお洒落心と相まって新しい風俗を生み出したのだ。風俗というのは、時代とともに動いてゆく。洋服のみならず、和服もまた、その時代のトレンドとともに少しずつ動くのだ。

成人式の振袖や夏の浴衣も、若い世代から新しい流行が起こる。レースの衿や手袋、光り物の帯締めやチェーン、髪型。常に流行は伝統的なものと一過性のものが、あざなえる一本の縄のように続いてきた。

伝統文様、伝統工芸などは、日本の文化として守り伝えられるもので、正倉院など１３００年近くの歴史が、私たちの衣生活の中に今も生きている。

しかし、一過性のものも、その時代に人に支持されたものであり、トレンドに

現代の帯結びではもっとも一般的なお太鼓結び。亀戸天神社の太鼓橋にちなんで名づけられた。

東京都江東区の亀戸天神社にある太鼓橋。現在の橋は平成14年に新しく建てられたもの。境内には２つの太鼓橋（男橋と女橋）があり、藤の咲く頃（４月中旬から４月下旬）はひときわ美しい。

適ったものは大衆が支持するのだ。装い方のＴＰＯは、一定のルールがあり、街着、盛装、礼装などは、基本的にほぼ忠実に決まり事に基づいている。

●

今後、きものや帯はどう動くのだろうか。戦後、私たちは「ころもがえ」とともに、季節を楽しんできた。しかし今、温暖化という地球規模の問題で、いささかこの習慣がくずれようとしている。

　私は仕事柄、毎日きものだ。それも、7、8月を除く10か月間は、盛装以外は単衣《ひとえ》を着ている。建物の中は冷暖房があり、講演会場やテレビのスタジオには照明があるので、汗かきの私に、袷《あわせ》はつらい。ほとんどが紬《つむぎ》の単衣だが、生地のしっかりしたものばかり。

　きものは義務で着るものでもなく、約束事で着るものでもない。嬉しく、楽しく着ているのだから、式服を除いては自由でよいのではないか。

　そして、帯。私は上等の名古屋帯を長年探してきた。どうも業界の人は、名古屋帯を二番手と考えているらしい。単衣の訪問着に袋帯では、どう考えてもなじまない。

　そこで、ついに決断した。袋帯を名古屋帯にすることを。

　袋帯を名古屋帯にすると、たれのほうを30～40センチ切ることになる。それはつらいが、袋帯は体型によって長さを決められるフリーサイズであることがわかった。

　これは私流だけれど、今では満足している。袋帯の価値を損なうものではなく、使いやすさにおいて、今の着こなしとして提案できるかと思う。

帯の歴史・早わかり一覧

飛鳥・奈良時代

●中国から錦織《にしきおり》が伝わる。最初は経錦《たてにしき》が織られたが、奈良時代以降は緯錦《ぬきにしき》が織られるようになる。

平安・鎌倉時代

●貴族の束帯《そくたい》や弓具、馬具に、組紐《くみひも》が用いられる。これが桃山時代から江戸時代に流行した名護屋《なごや》帯の元になる。

室町・安土桃山時代

●室町時代に中国の明《みん》から唐織《からおり》が伝わり、末期には西陣《にしじん》で織り始める。
●安土桃山時代に丸打ちの組紐、名護屋帯が考案され、江戸中期まで用いられた。
●16世紀後半、博多の組紐商が博多織を考案する。
●天正から慶長の頃、縮緬《ちりめん》、繻子《しゅす》、綾《あや》織、綸子《りんず》が西陣で織り始められる。

江戸時代

●慶安の頃、ビロード織が西陣で織り始められる。この頃は、帯の幅は2寸5分~3寸が一般的。
●明暦・万治の頃、帯の前結びが流行する。
●帯幅が広くなった中期には、歌舞伎役者による吉弥《きちや》結びや水木《みずき》結びなど、さまざまな帯結びも生まれた。帯の幅は、4寸~6寸、長さは1丈2尺から1丈3尺のものも登場。
●中期頃、髪型が大きくなり、バランスをとるために、帯結びも大きくなった。正装用に、ボリュームのある丸帯が考案される。
●錦織や金襴《きんらん》、緞子《どんす》などの豪華な帯地に、芯《しん》を入れるようになる。

●元禄前後から昼夜《ちゅうや》帯（表と裏が違う布で仕立てられた袷《あわせ》帯・鯨《くじら》帯ともいう）が生まれ、文化文政期に流行する。

●元禄の頃、京都の宮崎友禅斎《みやざきゆうぜんさい》によって、友禅染《ゆうぜんぞめ》が考案される。また、帯の後ろ結びが流行。

●享保15年と天明8年の西陣大火により、機業一時中絶。寛政12年、西陣機業復活。

●後期（文化14年）に、亀戸天神社の太鼓橋が再建されたとき、深川の芸者が太鼓橋に似せた形の帯を結んで話題に。お太鼓結びとよばれるようになり、明治になって定着する。お太鼓結びの誕生とともに、お太鼓柄の帯が流行した。

●大名夫人の間で、豪華な唐織の打掛《うちかけ》が人気をよぶ。

●佐賀鹿島支藩の夫人によって、佐賀錦《さがにしき》（当初は鹿島錦と称された）が考案される。明治・大正時代には東京の山の手夫人の間で大流行になる。

明治・大正時代

●明治初期、フランスからジャカード機が伝わる。これによって、西陣の帯の技術は様変わりする。

●明治初期、西陣の川島甚兵衛《かわしまじんべえ》が渡欧し、ゴブラン織に魅せられ、帰国後この技法で帯を織り始めた。

●大正時代、名古屋女学校の創始者、越原春子《こしはらはるこ》が名古屋帯を考案。名古屋で生まれたので、この名がついたといわれる。

昭和時代

●初期に丸帯に代わって、袋帯が考案される。当初は袋状に織られていたが、現代は表と裏を別々に織ってかがったものが多い。袋帯が流行するに連れて、帯の柄付けも全通柄《ぜんつうがら》に比べて効率のよい六通柄《ろくつうがら》が考案された。

●初期に袋名古屋帯が考案され、30年代に軽さと締めやすさで人気を博す。

索引

「きもの文化検定」実施要項

1．名　称　きもの文化検定
2．主　催　一般社団法人全日本きもの振興会
3．後　援　経済産業省・農林水産省・文化庁
4．監　修　きもの文化検定審議会
5．企画実行　きもの文化検定委員会
6．検定内容

等級	内容	合格基準
5級	きものに関する一般常識 並びに初級知識の習得	60%以上正解
4級		70%以上正解
3級	きものに関する中級知識の習得	70%以上正解
準2級 2級	きものに関する上級知識の習得	準2級は60%以上正解 2級は70%以上正解
準1級 1級	きものに関する専門知識の習得	準1級は60%以上正解 1級は70%以上正解

※第6回試験より、2級・1級受験者中、得点が60%以上70%未満正解の方を2級・1級合格者に準じ、『準2級』『準1級』として認定しています。過去の受験者には、遡及しません。

7．受験課程　5・4級から受験し、合格をもって順次上位級を受験していただきます。
8．受験資格　学歴・年齢・性別・国籍は問いません。
（但し、受験会場におもむき受験可能な方）
・2級については、3級認定番号所持者が、1級については、2級認定番号所持者が受験できます。
9．公式教本　・公式教本Ⅰ「きものの基本」（5級～1級対応）
・公式教本Ⅱ「きもののたのしみ」（3級～1級対応）
10．試験方式　・5～3級：四肢択一方式
・2級：文言選択・記述方式
・1級：文言（語彙）記述と文章記述方式
11．合格基準　上記6（検定内容）の合格基準によります。
12．併願受験　①5・4級と3級を併願し受験することができます。
但し、4級が不合格の場合は得点にかかわらず、
3級の受験は無効となります。
②3級、2級、1級の併願はできません。
13．合 格 証　合格者には、「合格認定証」を交付します。

その他

試験の詳細につきましては、「きもの文化検定」ホームページをご覧ください。

きもの文化検定事務センター（土・日・祝日を除く10時～16時）
〒600-8009　京都市下京区四条通室町東入ル函谷鉾町78番地　京都経済センター6階
一般社団法人全日本きもの振興会内
TEL.075-353-1102　FAX.075-353-1103
https://www.kimono-kentei.com　E-mail info@kimono-kentei.com

●制作スタッフ
ブックデザイン：新井達久
撮影：本誌・坂本正行、増田 隆、岡田ナツ子
撮影協力：伊藤 信　児玉成一　齋藤幹朗
島村龍太郎　鍋島徳恭　八田政玄　細谷秀樹
着る人：青木英美　池田美樹　石橋ふみ　一色采子
黄前ナオミ　大山朝子　かなで　塩川美佳　渋谷亜希
タミー　中原 歩　菜子　原 正子　藤原弘子　松田佳子
三橋秀美　光宗ゆかり　山本佳代子　余 貴美子
芳川あずさ
イラスト：すずきひさこ
校正：遠峰理恵子　株式会社円水社
編集：宮下信子
　　佐藤未知子
　　富岡啓子（世界文化社）

●取材協力
石川つづれ
伊と幸
おび弘
織悦
銀座もとじ 和織
亀戸天神社
京都市産業技術研究所
滋賀喜織物
誉政
髙島屋東京店（龍村錦帯）
龍村美術織物
西陣まいづる
博多織工業組合
本つづれ勝山

＊この本は『ひと目でわかる！ 保存版 帯の基礎知識』（2010年刊）のモノクロページをカラーページにしたものです。この本に関わっていただいた上記のカメラマン、モデルの中に、再使用の連絡の取れない方がいらっしゃいました。
本書をご覧になりましたら、☎03（3262）5124（編集部）まで、ご連絡いただくようお願いいたします。

オールカラー改訂版
ひと目でわかる！
帯の基礎知識
一般社団法人全日本きもの振興会推薦

発行日　2024年6月5日　初版第1刷発行

発行者　岸 達朗
発行　株式会社世界文化社
〒102-8187
東京都千代田区九段北4-2-29
編集部　TEL03（3262）5124
販売部　TEL03（3262）5115
印刷・製本　共同印刷株式会社
DTP制作　株式会社明昌堂

ISBN 978-4-418-24408-9